教師が20代で身につけたい24のこと

堀 裕嗣 著

まえがき

こんにちは。堀裕嗣と申します。四十九歳です。

実はここだけの話なのですが、僕にもかつて二十代の頃がありました。勢いがあって、口が悪くて、世界が自分を中心にまわっていて、すぐに人を責めて、すぐに人を馬鹿にして、だけど実践研究だけはまったく手を抜かずに資料だけは百枚も二百枚もつくって、研究会で三枚くらいの資料で発表する人を見ては「まじめにやっていない」と断罪して、まったくいけすかないヤツでした。もしも当時の僕がいま自分の同僚にいたら……、でも、やはり「こいつは見込みのあるヤツだ」と可愛がるでしょう。

若者で有望なヤツというのは、須《すべから》く、いけすかないヤツであることが多いように感じています。教師という職業は、若いうちからと言いますか最初から一国一城の主になれる稀《まれ》な職業ですから、その分、一人で突っ走りやすい職業ですし、若いうちから自分はいっぱしの者だと勘違いしやすい職業でもあるわけです。

しかも、能力が高くて、将来大物になる可能性を秘めている教師ほどそういう勘違いに陥りやすい。長年、若手教師を観察していて感じるのは、教師の成長には、その勘違いを謙虚に戒めて成長する場合と、その勘違いに実質を伴わせて勘違いではなくしてしまう場合と、二つの道があるということです。前者の道は人間関係を重視しながらストレスに見舞われる日常を過ごすことになりますし、後者の道はだれも文句を言えないほどの実績を上げ続けるわけですから、血の滲むような陰の努力が必要になります。いずれにせよ、若者の道は「茨の道」なのだということでしょう（笑）。

僕の教員人生は自分で言うのも何なのですが、後者の道を二十代・三十代で、前者の道を四十前後から意識し始めたという感じです。いまは五十歳を目前にして、バランス感覚をもってほどほどに……を信条に生きています。とても楽です。

でも、よく思うのは、若い頃にがむしゃらにやった「溜め」があるから現在《いま》があるのだな……ということです。若い頃から「ほどほどに感覚」で教師をやっていたら、いまごろは自信を失って毎日が地獄だったかもしれない、周りに迷惑ばかりかけていたかもしれない、そんなことを感じるのです。

読者の皆さんは、おそらくいま、若手真っ盛りのはずです。どうぞ、自分なりの「茨の道」を突き進んでください。本書があなたの「茨の道」を少しでも充実させることに役立つなら、それは望外の幸甚です。

堀　裕嗣

CONTENTS

まえがき

CHAPTER 1 たくさんの経験をする

01 全体像の把握に近づく　10
02 多くの学年を経験する　14
03 多くの校務分掌を経験する　18

CHAPTER 2 一芸を身につける

04 「在り方」を意識する　24
05 分を知る　28
06 自分に厳しい眼差しをもつ　32

CHAPTER 3

時間と労力と金を惜しまない

07 十年後を考える 38
08 コスパを考えない 42
09 先の見えない方を選ぶ 46

CHAPTER 4

学びの対象をしぼらない

10 柔らかい自我をもつ 52
11 外に目を向ける 56
12 ピン芸人を目指す 60

CHAPTER 5 よく学び、よく遊ぶ

13 チューニング能力を高める 66
14 教師冥利に尽きる遊びを想定する 70
15 仕事を道楽と心得る 74

CHAPTER 6 先輩教師にかわいがられる

16 場の雰囲気を共有する 80
17 適切にいじられる 84
18 仕事を通じて仲良くなる 88

CHAPTER 7

スキルを身につける

19 自分なりの語りを身につける 94

20 ニッパチの指導力を身につける 98

21 その年の目標をもつ 102

CHAPTER 8

他者に対する想像力をもつ

22 自分の世界観を疑う 108

23 時代への想像力をもつ 112

24 他者性を意識する 116

CHAPTER 1
たくさんの経験をする

プロローグ

この章では，「経験」について述べていきます。若いうちにできるだけ多くの経験を積むことで，学校という組織がどういう構造で動いているかがわかります。

何事も全体像を把握している人間のやることと，そうでない人間のやることとの間には，大きな差があるものです。

まずは経験を積むことからスタートしましょう。

01 全体像の把握に近づく

□若いうちから学校教育の〈全体像〉を把握することを意識する。

□〈全体像〉とは自分なりの〈全体像〉であって、唯一正しいものがあるわけではない。

□自分なりの〈全体像〉をもつことは、他人の〈全体像〉を想像し、他人を理解することにもつながる。

□チームビルディングにはお互いの〈全体像〉を摺《す》り合わせながら共通感覚をつくっていく、という側面がある。

何事も全体像を把握している人間のやることと、全体像を把握していない人間のやることとの間には大きな差があるものです。

一度も卒業生を出していない中学校教師は半人前と見なされますし、一度も一年生を担任したことのない小学校教師も半人前と見なされます。教務・研究系の仕事ばかりを好んで生徒指導のできない教師は職員室で相手にされませんし、生徒指導一筋と公言する教師が陥りがちな、教務の仕事を知らない、緻密さのない発言は説得力をもちません。

その意味で、二十代の教師がまず意識的に行うべきことは、若いうちにできるだけ多くの学年、できるだけ多くの校務分掌を経験することです。二十代の一番の目標をひと言で言うなら、それは「できるだけ多くの経験をして全体像の把握に近づく」ということになるでしょうか。

もちろん、〈全体像〉というものは、経験を重ねたからといって把握できるものではありません。四十代、五十代になったからといって全体像を把握できているというものでもありません。すべての学年、すべての分掌を経験したからといって全体像を把握できるとも限りません。おそらく多くの管理職だって、全体像を把握しているとは言い難いというのが正直なところでしょう。むしろ、ベテラン教師が百人いれば、百通りの〈全体像〉があるというのが偽らざる事実かもしれません。

⑫

しかし、この世界では、「自分の全体像を知る者は他人の全体像を知る」ということが言えます。自分なりの〈全体像〉をもたない者は他人の〈全体像〉を想像することができません。職員会議での意見の違いや、生徒指導上の方針の違いがあって意見交換をするとき、ベテラン教師同士が大きな軋轢を生じさせることなく、互いを尊重し合いながら大きな方向性を出していけるのは、お互いの譲れるところ・譲れないところを把握し合うことができるからなのです。言い換えるなら、お互いがお互いの〈全体像〉を探り合って、お互いの譲れないところを尊重しながらも子どもたちが不利益を被らないように現実的な方向性を生み出しているわけです。自分の〈全体像〉が他者理解の基準になるわけですね。

昨今、職員室が組織で動くとか、職員室がチームで動くとかいうことが声高に叫ばれています。しかしそれは、決して校長や学年主任のトップダウンで動くということを意味しません。各々の抱く〈全体像〉、即ち各々の〈世界観〉を摺り合わせて、みんなが気持ちよく仕事ができる、それでいて子どもたちの成長に効果をもつ、そんな教育活動を模索していく、みんなでそうした共通感覚をもって仕事をしようではありませんか……そう言っているのだと私は理解しています。

また、〈全体像〉を知ることは、実はあり得べき失敗がどのような経緯によって起こるのかについていて予測できることをも意味しています。若いときには、だれもが子どもたちのためにと、或いは自分のやりたいことを実現するためにと、そのことが与える悪影響を過小評価して走り続けてしまう……どうしてもそんなことがあるものです。

みなさんは管理職やベテラン教師に、「それはダメだ」「こういう危険性がある」とストップをかけられて憤慨した経験がないでしょうか。そんなとき、管理職やベテラン教師は自らの保身のためにそんなことを言っているのではないか、そんなふうに感じてしまうものです。もちろん、そうした要素が皆無とは言いません。しかし、管理職やベテラン教師のそうした物言いは、〈全体像〉を把握しているからこその物言いなのです。

仕事というものはすべてが繋がっています。Aくんにある指導をすればAくんの保護者はどう感じるか、Aくんと仲の良いBくんやBくんの保護者はどう感じるか、その指導が行われることによって学校の方針と矛盾を来さないか、その矛盾が隣の学級や他の学年に悪影響を及ぼさないか、管理職やベテラン教師はそうしたことを検討しているわけですね。その意味で、二十代はこうした判断力をもつための準備期間だと言っても良いかもしれません。

02 多くの学年を経験する

- □できるだけ早くすべての学年を経験するのが理想である。
- □小学校でも中学校でも、特に一年生の指導の大切さについて実感的に理解する必要がある。
- □すべての学年を経験すると、〈発達〉と〈成長〉の違いを意識できるようになる。
- □〈発達〉と〈成長〉の違いを知らない教師は過信に陥りやすい。
- □〈全体像の把握〉は自分の力を過大評価しないための視座をもたらす。

できるだけ早いうちに自分なりの〈全体像〉をもつには、二十代のうちにすべての学年を一度は経験する、というのが理想です。

とは言っても、中学校教師には割と簡単なことなのですが、小学校教師にはなかなか難しいことでしょう。中学校なら二十代のうちに卒業生を二度は出す、小学校なら低・中・高学年をできるだけバランスよくもたせてもらう。現実的にはそんな感じになるでしょうか。それでも学校の事情でなかなかそうはいかないというのが現実かもしれません。

問題なのは、小学校で高学年を専門のようにもつ教師が低学年を専門のようにもっている先生を「楽をしている」と勘違いしていたり、中学校で二・三年生ばかり担任している教師が一年生の指導の大切さをよく理解していなかったりということが、学校現場で多く見られることです。小学校であろうと中学校であろうと、入学当初の指導の大切さをよく理解しないままに仕事をしているのでは、〈全体像〉の把握からはほど遠いと言わなくてはなりません。

小学校であっても中学校であっても、既に学校の体制に慣れている子どもたちには、教師による多少の違いになら合わせられるという対応力があるものです。一年生にはそれがありません。子どもたちだけでなく、保護者にもありません。「小1ギャップ」「中1ギャップ」は言うに及ばず、保護者からのクレームが最も多いのも他ならぬ一年生なのです。

かつて一年生の指導は「入門期の指導」と呼ばれ、特別な実践理論がたくさん提案されていました。最近は発達障害を主とした特別支援教育、やんちゃ対応、高学年女子の指導など、青年前期の子どもたちを想定した提案ばかりがクローズアップされる傾向があるようです。しかし、高学年の指導はあくまで低学年からの経緯のうえに成り立つのであり、中学三年生の指導はあくまで中学一年生の指導の在り方と連続しているのです。この視点をもたずして〈全体像〉の把握はあり得ません。

早めにすべての学年を経験することの一番の意義は、〈発達〉と〈成長〉の違いを実感することができるようになることです。小学校であろうと中学校であろうと、教師は常に著しい成長を遂げる子どもたちと接しています。担任をしているたった一年間でも、心も躰も頭のなかも著しく変化します。〈全体像〉をもたない教師は、それらの変化すべてを自分の教育の成果だと勘違いしてしまいます。でも、その多くは教育の成果としての〈成長〉ではなく、放っておいても時期が来ればそのように変化していく〈発達〉なのです。

このことを理解していない教師は、自分自身を過信し、結果的に長い目で見ると自分の教師生活にマイナスになってしまうような教育観を抱いてしまうことが少なくありません。その教育観は経験を重ねてからも自分の教育観を基礎づけます。なかなかそこから脱することができません。しかも、自分自身ではその教育観のマイナス面に気づくことができないわけですから状況は深刻です。自分が自信をもてばもつほど、他人からの指摘に聞く耳をもたないなんてことにもなりがちです。自信をもって仕事をしている教師、さまざまな成果を上げて職員室でも頼りにされている教師に、こうした落とし穴に陥る人が少なくありません。教師としてのキャリアを順調にアップさせていくその裏で、意外にも子どもたちに切ない思いをさせている……そんな教師を私はたくさん見てきました。

何がその発達段階相応の〈発達〉であるのか。何がその教師独自の働きかけによる成果としての〈成長〉であるのか。これを見極められない教師に自分の仕事の評価などできるでしょうか。できるだけ早い時期にすべての学年を経験することは、この視座をもつことにつながります。しかも実感的に捉えることにつながります。

だれもが子どもたちにとって価値ある教師になろうと思っています。だれもが子どもたちにとってよかれと思って、日々の仕事に勤しみます。しかし、教師も人間。自分のやったことの成果を過大評価しがちです。発達段階にふさわしい教育方法があることを忘れてしまいます。〈全体像〉の把握がそれを避けるための視座をもたらすのです。

03 多くの校務分掌を経験する

□若いうちにたくさんの仕事を抱えることは、後に宝となる。

□その効果の第一は、時間の使い方がうまくなることである。

□効果の第二は、優先順位の発想が身につくことである。

□効果の第三は、仕事を日程と時間でするようになることである。

□効果の第四は、校内の仕事に質の違いのあることが実感されることである。

□総じて組織の構造が理解できる。

教職七年目のことです。私は二年生三十八名を担任していました。校務分掌は教務部時間割係。三十学級の時間割です。中学校教師ならわかると思いますが、この規模の時間割の作成は大変です。前後期、そして北海道特有のスキー学習日程に伴う時間割と年に三回つくります。当時は隔週で土曜日が休みでしたから、時間割は土曜日がある週とない週の二種類をつくらなくてはなりません。一年に計六週分の時間割です。時期が来ると二泊ずつ、学校に泊まり込んで時間割をつくりました。朝は給食室のシャワーを借りました。時間割係にはその他にも、毎日のチャイムの管理や各学級各教科の時数計算、自習監督割り当ての仕事もありますから、ルーティンワークも目白押しです。

この年は教務部員として、必修クラブの運営も担当していました。全校生徒が一三〇〇人の学校です。生徒たちから希望を取って各クラブに振り分けるだけでも大仕事です。その他にもクラブ担当教師が欠勤した場合の補充割り当てをつくったり評価のシステムをつくったりといった仕事があります。

しかも、この年の学年分掌は生徒指導でした。校務分掌が教務なのに学年分掌が生徒指導というのは、一般的には中学校ではあまり見られません。学校全体と学年とで仕事の内容が異なりますから、あっちもこっちもということになります。時間の使い方が難しくなります。教務の仕事をしようと予定していた時間に、予想外の生徒指導が入るわけですから、どうしても事務仕事が夜遅くになっていきます。

この年は学年協議会（学年の学級代表委員会）も担当していました。毎月の学年集会の企画・運営、旅行的行事の集会指導、学年のキャンペーン活動の企画・運営などが仕事です。学年リーダーを育てる仕事と言えばわかりやすいでしょうか。学校祭では学年のステージ発表を担当しました。その他にも、一人で五十人近い演劇部を担当し、体育文化振興会（部活動の組織）では会計も担当しました。更にＰＴＡの広報部も私の担当でした。おまけに次の年には新設校開校のために学校が分離するという年でもあり、さまざまな事務仕事のあった年でもありました。

兎にも角にも、私は毎日、「かなわんなあ……」と思っていました。だいたい仕事に偏りがありすぎる。こんな学校、さっさと転勤してやる。本音では、そんなことも考えていました。いずれにせよ、読者のみなさんにも、とても忙しい一年だったということは伝わったかと思います。

しかし、いま、私はこの一年間が自分の教員人生にとってどれだけ宝であったかということを実感しています。

まず第一に、私はこの一年間で時間の使い方が徹底して上手くなりました。なにしろ、遊んでいる暇はもちろん、ほっとひと息つく暇もないのです。隙間時間にも小さな事務仕事をどんどん仕上げていかなければ追いつきません。ＴＯ ＤＯリストをつくって、片っ端から片付けていきました。

第二に、私は優先順位をつけて仕事をすることを覚えました。仕事の重要度はどれもが並列ではありません。仕事の出口が自分である仕事（例えば学級の仕事）は後回しにしてもいいこと、自分がした仕事を受けて職員全員が動くタイプの仕事（会議の提案文書や職員組織を動かす仕事）ほど優先順位が高いということを徹底して学びました。

第三に、私は仕事というものが日程と時間でするものだと実感させられました。例えば、全校生徒や学年生徒、全校職員を動かすような仕事については、遅くとも三ヶ月前に大枠を提示しなければならないこと、それ以前に管理職や教務主任、生徒指導主事や学年主任など要所要所に根回ししておかなければ提案がスムーズに通らないこと、を実感的に学びました。また、根回しについては、職員会議でよく発言する人、用務員さんや栄養士さん（物をつくってもらったり給食を早出ししてもらったりといったことが必要になることが多い）、養護教諭に事前に話を通しておくと、提案が更にスムーズに通るということも徹底して実感させられました。

要するに、行事運営の勘所が行事直前のバタバタしている時期ではなく、数ヶ月前の企画段階にあることを腹の底から理解したわけです。

第四に、教務部と生徒指導部という学校の基盤をつくる二つの校務分掌がほぼ逆方向を向いて運営されているということを学びました。この年の私は校務分掌が教務部で学年分掌が生徒指導部でしたから、教務主任とも生徒指導主事とも毎日のように打ち合わせをもつことになります。来週の日程を検討するという場合に、教務主任との打ち合わせ内容と生徒指導主事との打ち合わせ内容がまるで反対の思想に基づいて行われているなんてことは日常茶飯事でした。その両方に出席しているのは七十人近い教員のなかで私だけです。双方を比較することで、当然のように、私は学校内にある思想的矛盾に気づかされました。そして、何かを提案するときにはどちらの思想をも満たすような、一石二鳥のアイディアを生み出すことこそが大事だということに気づいたのです。この発想は、いまだに私が仕事をするうえでの根幹的発想になっています。

若いうちにできるだけ多くの校務分掌を経験することが、実は学校の〈全体像〉を把握するには一番の近道なのです。しかも一つ一つ考えながらしっかりと取り組んでいると、学校という組織がどういう構造で動いているのかがよくわかるものです。

CHAPTER 2
一芸を身につける

プロローグ

この章では，「芸」について述べていきます。ここで言う「芸」は，「ちょっと得意」という程度のものではなく，子どもや保護者も含めた「だれもが認める」ようなレベルを指します。

「○○ならあの先生」というレベルの「芸」は，子どもたちに「この先生が言うなら仕方がない」という思いを抱かせるのです。

04 「在り方」を意識する

□二十代のうちに、できれば初任校に勤めているうちに、一芸を身につけたい。

□一芸とは学校で一番とだれもが認めるようなレベルの領域をもつことである。

□一芸を身につけている教師は、子どもたちのだれもが認めるようになる。

□一芸を身につけることとは、教師としての「在り方」を纏《まと》うことにつながる。

□学年集会や全校集会で子どもたちを惹きつける教師は〈立ち姿〉や〈所作〉に威厳がある。一芸はその基盤となる。

二十代のうちに、できれば初任校に勤めている間に、是非ともやっておきたいことがあります。是非とも到達しておきたいことがあります。

それは「〈一芸〉を身につける」ということです。

崩壊させることなく毎年の学級経営をそれなりにこなすとか、校内研究や地区の教育団体における授業研究に勤しむとか、部活動の指導に毎日一生懸命に取り組むとか、そうしたレベルのことを言っているのではありません。そういうのは多くの場合、ただの自己満足にすぎないものであって、「芸」とは言えません。

私の言う〈一芸〉とは、学習発表会や文化祭のステージで子どもたちや同僚のだれもが感心するような大規模なエンターテインメントを実現するとか、合唱の指導で同僚のだれもが「あの人の合唱指導にはかなわない」と思うような圧倒的な成果を上げるとか、研究授業においては常に教材研究から学習者研究に至るまで細かく分析した百枚規模の指導案をつくるとか、部活動の指導において県大会レベルの常連になるほどの成果を上げるとか、そういったレベルを指します。要するに、ちょっと得意……といった程度のものではなく、若手ながら「その学校で一番」とだれもが認めるようなレベルの成果を安定的に上げる、これを「芸」と言います。

「だれもが認める」の「だれも」は同僚だけでなく、子どもたちにも保護者にも認められる……という意味合いがあります。

みなさんの学校に、自分が指導したのでは子どもたちは言うことを聞かないのに、その先生が指導すると子どもたちがなぜか納得して自分の非を認めてしまう……、いったいどうやって指導しているんだろう……、その秘密を知りたいと指導場面に同席してみるのだがどうも特別なことをしているようには見えない……、自分との違いは何なのかとあなたを悩ませる……、そんな先生がいないでしょうか。

実はあなたの見立て通り、その先生は何か特別な指導をしているわけではありません。何か神業を身につけているわけでもありません。具体的な指導場面における言葉や行動はあなたとそれほど異なるわけではないのです。

しかし、そうした先生は、須く〈一芸〉を身につけています。子どもたちも保護者も、そして同僚も、「〇〇ならあの先生だ」と認めるような〈一芸〉をもっているのです。そのだれもが認めるような〈一芸〉をもっているというオーラが、子どもたちに「この先生が言うのなら仕方ない」という思いを抱かせてしまうのです。

具体的な指導場面のディテールもさることながら、その先生はあなたとは存在感そのものが違うのです。実はその先生の指導の秘密は〈教え方〉にあるのではなく、〈在り方〉にこそあります。私が「一芸を身につけよ」と言うのも、二十代のうちにその〈在り方〉の基礎固めをしようという意味なのです。〈一芸〉は決して、その〈一芸〉のために身につけるのではありません。教師が自らの〈在り方〉に威厳をもたらし、教師が自信をもって堂々とした〈立ち姿〉で子どもたちの前に立てるようになる、そこにこそ「一芸を身につける」ことの効力があります。

あなたの学校に、学年集会や全校集会でその先生が前に立っただけで子どもたちが静かになってしまう……という先生はいないでしょうか。どんな学校にも一人か二人、そういう先生がいるはずです。その先生にそうしたことができるのは、怖い先生だからでも怒鳴る先生だからでもありません。その〈立ち姿〉に子どもたちがある種の威厳を感じ、その〈所作〉にある種の畏敬を感じてしまうからこそ、子どもたちは思わず静かになってしまうのです。

もちろん、こうした威厳は二十代の若者に身につくものではありません。しかし、二十代のうちから某《なにがし》かの努力をした者だけが三十代になって身につけることのできる、そういうものです。来るべき教師人生において〈立ち姿〉や〈所作〉を身につける基盤となる、それが〈一芸〉なのだと私は言っているわけです。

05

分を知る

□若い教師はまず、ベテランの〈在り方〉の真似をするよりも、スキルを身につけたほうがいいと言える。

□若い教師にはまだ、ラポートのない子どもたちに〈威厳〉を感じさせるには至っていない。学年集会や全校集会で子どもたちの前に立つとそれがよくわかる。

□一芸を身につけることはそうした〈威厳〉を身に纏っていくための基盤となる。

□実はこのことが生涯、仕事を機能させていくための基盤ともなる。

若い教師がよく、中堅教師やベテラン教師の〈在り方〉系の指導を真似するのを見ることがあります。例えば、集会で話をするというときに前に立って子どもたちが静かになるまで待つというようなことですね。しかし、ベテラン教師と異なり、ざわついた子どもたちはなかなか静まってくれません。業を煮やした若手教師はざわつきの中心になっている子を睨みつけたり指さしたりします。

しかし、それは優れたベテラン教師の〈在り方〉とは似て非なるものなのです。優れたベテラン教師は笑顔で子どもたちの前に立ったとしても、子どもたちが自然に静まるのですから。若手教師のやり方はあくまで威圧であって、まったく質が異なっています。

それどころか、威厳もなく畏敬を感じさせることもない力量の低い教師が、優れたベテラン教師の真似をすることはときに滑稽でさえあります。実は子どもたちにもその余裕のなさを見抜かれているということも少なくありません。長い目で見ると、そうした行いは子どもたちに軽視されていく大きな要因にもなります。むしろさっさと話を始め、枕を工夫するなどして技術的に惹きつけてしまうほうが得策だとさえ言えます。私は同僚の若手にそうした行為が見られたとき、「お前がそんな手立てを取るのは十年早い」と言うことにしています。笑顔でこうたしなめます。

先ほどから、私は教師が学年集会・全校集会で子どもたちの前に立つことばかりを例にしていますが、実はその教師が子どもたちに（意識的に無意識的に）どう評価されているのか、その教師の〈在り方〉が子どもたちにどう受け止められているのか、それが一番よくわかるのが集会で前に立ったときなのです。

全校児童・全校生徒の前に立つということは、日常的に深いかかわりをもっていない子どもたちにもこちらを向かせることを意味します。要するに、ラポートのない子どもたちにどれだけの影響力を与えられるか、それも一瞬で与えられるかということなのです。自分の学級にこちらを向かせるのとはわけが違います。その意味で、自分の学級にさえ静かに話を聞かせることができない教師というのは、ほんとうに力量がない、とことん力量が足りないのだと自覚すべきなのです。こうした「〈分〉を知ること」は、若い時期、教師の力量形成にとってとても大切なことです。そしてそれを測ることができるのが、学年集会・全校集会なのだと言っているわけです。

ここで言う「威厳」「畏敬」といった言葉を、子どもたちが怖がる、怖れるという意味で捉えてはいけません。実名を挙げるのは避けますが、小学校教師出身の自爆芸で知られる新潟県のあの大学教授も、一見軽いノリに見えるカエルの被り物で知られる山口のあのミニネタ教師も、いつも優しい笑顔で語りかける横浜のあの団塊世代の超ベテラン教師も（実名を挙げているのと変わりませんでしたね・笑）、キャラクターはそれぞれ軽かったりソフトだったりするのに、間違いなく「威厳」を纏い、聞く者に須く「畏敬」を抱かせます。そして彼らの纏う「威厳」の在処が、そのだれもが真似できないような彼ら独自の〈芸〉にあることは、一度でも彼らの話を生で聴いたことのある人ならだれもが理解できるはずです。

私は先に、若いうちに「一芸を身につける」ことが、威厳を纏い畏敬を抱かせるような〈立ち姿〉や〈所作〉を身につける基盤となっていくと言いました。「芸は身を助く」とは言いますが、もちろん若いときに〈一芸〉を身につけたからといって一生涯の教師生活が安泰というわけにはいきません。〈二芸〉を身につければ〈三芸〉を、〈三芸〉を身につければ〈三芸〉をと貪欲に進むことが必要なわけですが、少なくとも若いうちに私の言うレベルの〈一芸〉を身につけたならば、生涯の教師生活においていかなる学校に行ったとしても（たとえ地域の附属小中学校に赴任しようとも）、職員室で軽く見られることは決してなくなります。職場でそれなりのステイタスをもって仕事に取り組むことができるわけです。そしてそれは、実は教師にとって仕事がしやすくなることを意味するのです。

06 自分に厳しい眼差しをもつ

□一芸を身につけることは言うは易く行うは難しである。

□多くの教師は、さまざまな場面で自己満足に陥りやすい。それが子どもたちの自己満足をも誘発してしまう。

□一芸とは自己満足でなく、子どもたちや保護者の期待値をも凌《りょう》駕《が》するような結果を出すことである。

□そのために自分の好きなことを仕事に活かす、耳の痛い話をする先輩教師の話にも耳を傾ける謙虚さが必要である。

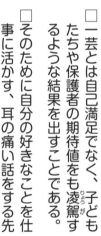

私は本章の冒頭に〈一芸〉の例として、①学習発表会や文化祭のステージで子どもたちや同僚のだれもが感心するような大規模なエンターテインメントを実現する、②合唱の指導で同僚のだれもが「あの人の合唱指導にはかなわない」と思うような圧倒的な成果を上げる、③研究授業においては常に教材研究から学習者研究に至るまで細かく分析した百枚規模の指導案をつくる、④部活動の指導において県大会レベルの常連になるほどの成果を上げる、という四つを挙げました。ここまでを読んで、改めてこの四つの例を見てみると、どれもこれもが簡単に達成できないレベルの〈芸〉であることがわかると思います。

特に、部活動で県大会の常連になるほどの成果を二十代で上げるなどということはほとんど神業に近いと言えるでしょう。そんなことは無理だ……と思われる向きもあるかもしれません。正直に言うなら、私もまず無理だと思います（笑）。

しかし、私の言いたいのはこういうことです。

例えば、部活動を指導する場合、「とにかく頑張ろう」「自分たちなりに精一杯やろう」と取り組むのと、「数年後には県大会の常連になることを目指して頑張ろう」と取り組むのとでは、その取り組み方に大きな違いが出るのです。前者は結果にかかわらず自己満足に陥りがちですが、後者は常に結果を意識しながら日々練習の仕方、子どもたちへの言葉がけなどを具体的に考え、それどころかどうしたら保護者の協力を最大限に得られるかということまで真剣に考えざるを得ない日々を送ることになります。

その他の例も同様です。ステージ発表や合唱指導は一般的に、結果がぼろぼろだったとしても「自分たちなりに頑張った」「自分たちにしかわからない成果があった」と独善的に評価することが可能です。研究授業もやったというだけで、やらない人よりはるかに多くのことを学べたと自己満足することができます。

しかし、威厳や畏敬の基盤になるような〈在り方〉を目指す仕事は、そのような自己満足の余地のある「甘えた仕事の仕方」ではいけないのです。常に数字や結果と意識的に闘いながら毎日を具体的に変化させていく、常に他人（子ども・保護者・同僚）の目を意識しながら彼らの期待を凌駕していく、そういう仕事の仕方が必要なのです。

主観だけなら自分の仕事はどうとでも評価できます。

「子どもたちは精一杯やってくれた」

「子どもたちには何かが残った」

「この体験は子どもたちの人生に生きるはずだ」

どれもこれも美しい言葉です。しかし、何の根拠もありません。それを測る基準もありません。どうにでも解釈でき、どうにでも評価できる。バイアスの嵐なのです。だからこそ自己満足なのです。自分自身に対する「甘え」がそう評価させているにすぎないのです。

私が二十代のうちに〈一芸〉を身につけよという真の意味は、実は自分の仕事に対するこの手の「厳しい眼差し」を若いうちに身につけた者とそうでない者との間には、数年後、計り知れないほどの差異が生まれるんだよ、ということなのです。

さて、この姿勢をもつために必要なのは二つのことです。

第一に、自分の好きなこと、やりたいこと、得意なことを仕事に活かそうとする姿勢をもつことです。一見学校教育とは無関係と思われるような特技、学校教育には馴染まないと思われるような趣味でも構いません。実は学校教育という場は、人間世界にあるありとあらゆるものを取り込める懐の深さをもっている世界です。スポーツや芸術は言うに及ばず、物真似やマジックや落語といった芸事、オタク系の趣味、異業種に勤める学生時代の友人との人脈、親や友人とのトラブルの経験、もう「何でも来い」です。

必要なのは、そうした自分の趣味・特技を自分の教育活動に活かせる手立てはないかと、本気で考えてみることです。言うまでもなくスポーツは部活動の指導に直結します。芸術や芸事は行事に活かすことができるでしょう。オタク系の趣味が活かせる行事がないなら、そういう小さな行事をつくれば良いではありませんか。オタク系児童生徒対応のスペシャリストになる、という教師の在り方だってあり得ます。異業種の友人がたくさんいるなら、彼らをゲスト・ティーチャーとした授業を構想してはどうでしょう。親や友人とのトラブルの要因を分類して、親子関係や友人関係のトラブル要因を体系化することができたら、あなたは生徒指導の達人になれるはずです。要はこうした一見夢みたいな話を具体的な現実にしようと本気で考えてみることなのです。むしろ、ミスしないように、失敗しないようにと小さく縮こまる仕事の在り方こそが、若い教師にとっては一番の敵と言えます。

さて、「一芸を身につける」のに必要な第二は、耳の痛い指摘をしてくれる先輩教師の話に謙虚に耳を傾けるということです。人は耳の痛い指摘をする人を遠ざけがちです。しかし、自分の仕事に自ら「厳しい眼差し」を向ける人間になるためには、そもそも「厳しい眼差し」の観点をたくさんもつ必要があるのです。他人の指摘はその意味で、観点の宝庫です。言っておきますが、その指摘する先輩教師がどういう人かは一切関係ありません。その教師が自分のことを棚に上げていても良いのです。毎年学級を崩壊させるような力量のない教師でまったく構わないのです。目的はあくまで、自分の仕事に対する厳しい見方の「観点」を学ぶことにあるのですから。

CHAPTER 3
時間と労力と金を惜しまない

プロローグ

この章では，「成功と成長」について述べていきます。時間も，労力も，お金も，自分だけの判断で自分の思い通りに使えるのは，今だけです。だから思う存分費やした方がよいのです。

先の見える方を選ぶのが成功のコツ。先の見えない方を選ぶのが成長のコツ。あなたはどちらを選びますか？

07 十年後を考える

□若い時代は時間も労力もお金も割と自由に使うことができる。年齢が上がっていくとそれがままならなくなっていく。

□いまのうちに、十年後に残ることに時間と労力とお金を使うということを意識するのが良い。

□自分のインフラの使い道は遠くを見れば見るほど、よりよい使い方を自分の頭で考えるようになる。

□ただし、遠くを見て手に入れたものに頑固にこだわりすぎるのもいけない。

あなたは毎日、何時に退勤しているでしょうか。七時でしょうか。九時でしょうか。毎日十時をまわってるな……なんて人もいるかもしれません。

では、あなたは、一つ一つの仕事にどのくらい時間を使っているでしょうか。それを意識したことがあるでしょうか。例えば学級通信を一枚書くのに、あなたはどのくらいの時間と労力をかけているでしょうか。周りの先生方の学級通信に目を通す。なにか時事ネタはないかとインターネットを開く。文章を書き始めれば、今回の内容にふさわしい格言はないかと探し、辞書を引きながら言葉を探す。そんな書き方をしているはずです。

あなたの教室には、自腹を切って買ってきたものがどのくらいあるでしょうか。可愛い検印や連絡用のホワイトボード、プリントをはさむためのファイル、小物を整理するためのちょっとしゃれた小物入れ……。どれも四月に、百円ショップや雑貨屋に足を運んで買いそろえてきたはずです。それも退勤後の一つの楽しみだったはずです。

では、こう考えてみましょう。十年後、あなたは三十代になっています。あなたは三十代になっても、その仕事の仕方ができるでしょうか。あなたは結婚しているかもしれません。もしかしたら子どももできているかもしれません。ご両親に介護が必要になっているかもしれません。隣の学級に自信のない、仕事もままならない後輩がいて、そのフォローに奔走しているかもしれません。そして何より、いまあなたをフォローしてくれたり相談に乗ってくれたりしている同僚の先輩教師は、もうあなたを一人前だと認識していてフォローしてくれる存在ではなくなっているはずなのです。

一つ一つの仕事に対して、いま現在の時間のかけ方、いま現在の労力のかけ方、いま現在のお金のかけ方は間違いなくできなくなります。毎日、子どもの保育園の送り迎えをしなければならないかもしれません。家族サービスをしなければならなくて、週末をあてにできなくなるかもしれません。たまに外食したり、思い切って買ったマンションのローンがあって、細かく金額を計算しながら過ごす毎日になるかもしれません。生活とはそういうことであり、大人になるということはそういうことです。

時間も、労力も、お金も、自分だけの判断で自分の思いどおりに使えるのは、実はいまだけなのです。

しかしながら、私は、だから時間と労力とお金の節約を始めなさい、と言いたいわけではありません。もう少ししたらそれらのインフラがなくなってしまうのだから、いまのうちに思う存分に費やしたほうがいい、そう言いたいのです。

ただし、一つだけポイントがあります。

どうせ時間をかけるなら、漫然と時間をかけないで、時間をかけられなくなったときにはこれをカットしようとか、これをセーブしようという優先順位を考えながら取り組んでみてはいかがでしょうか。どうせ学級通信のネタを集めるなら、十年後にも使えそうなものを集めてみてはいかがでしょうか。どうせ授業プリントを一枚つくるのならば、十年後にも使えそうなしっかりしたものをつくることを意識したほうがいいのではないでしょうか。百円ショップや雑貨屋で教室環境グッズを買いそろえるならば、そのときのノリで買うのではなく、少しくらい高くても今後十年くらいは使えそうな丈夫で長持ちしそうなものを買ってみてはいかがでしょう。本を選ぶのも「十年後にも役立ちそうなものは？」という観点を抱くだけでずいぶんと変化が訪れそうです。

時間も、労力も、お金も、ちょっとだけ遠くを見てみると、その使い方を考えるようになります。無駄にしたくないなと思うようになります。私は若いうちに、自分の生活レベルのことについて「自分の頭で考えてみる」ということがとても大切だと考えています。

もちろん、十年後のために買ったのだからと、その後十年間それを断固として使い続けるなんていう頑固さはいりませんが、少なくとも自分自身で考えてみたということが、その後変わるにしても変わらないにしても大きな成長につながると思うのです。

08 コスパを考えない

□物事をコスパで考えるのが流行しているが、学校教育における〈費用対効果〉は教師の費用、子どもへの効果で考えるものである。

□こうしたコスパは複雑で学校の仕事の全体像を把握していない人にはわからない。

□学校教育におけるコスパは、学校運営に参画するような段階になったときに、初めて考えるべきものである。

□子どもたちの一人ひとりの成長をコスパで考える感覚をもってはいけない。

若い人たちの間で「コスパ」という言葉が流行っています。コストパフォーマンスの略語ですから、要は〈費用対効果〉のことです。

学校の先生も仕事ですから、〈費用対効果〉を考えることは大切なことです。何時間でもかけて、どんな重労働でも厭《いと》わず、必要なときには自腹を切って……というような仕事の仕方では長く続きません。それは確かです。

しかし、「コスパ」という言葉には、自分の時間を費やし、自分の労力を費やし、自分の金銭を費やしたなりの効果が、自分自身にどのくらい還ってくるかという意味合いがあります。これを学校教育にあてはめるのは、やはりいかがなものかと思います。

学校教育は教師の身になること、教師が成長すること、教師が自己実現することを目的としているのではありません。結果として教師がいい思いをすることも、教師が力量を高めることも、教師が自分の教師人生に満足することも、あくまで子どもたちの成長を介して獲得されるものでなければなりません。学校教育における「コスパ」を考えるならば、自分に還ってくることではなく、子どもにとってどんな成果が得られたかで考えるべきでしょう。つまり、学校教育で〈費用対効果〉を考えるのならば、教師の費やした時間や労力に対して、子どもたちにどんな効果があったかという枠組みで考えるべきなのではないでしょうか。

しかし、若い教師には、自分の施した指導にどのような成果があったのか、子どもの成長を見取る視座がまだまだありません。自分の施した指導に成果があったとしても、そのぶん別のところでマイナスが生じているということが学校ではよく見られますが、それを把握する力もありません。そもそもそうしたバランス感覚自体をもっていなくて、「あれども見えず」になってしまうのがむしろ普通です。

私は思うのです。学校教育で「コスパ」を考えるのは個人であるべきではないのではないか、と。職員室全体で考えるものではないのか、と。例えば、ある行事に対して新しいアイディアが生まれたとします。準備には例年より時間がかかる、多くの先生方に労力を費やすことを強いることになる、どうやら学校予算も大きく浸食してしまうようだ、こうしたときに、さてこれだけのコストをかけてまで成果が得られる改革なのかと考える、学校教育ではこういう場合にのみ、コストパフォーマンスというものが問題になる、そう感じるのです。

私の言いたいことがおわかりでしょうか。まあ、口を悪く言えば、

「おまえらがコスパなんて考えんのは十年早えんだよ！」

ということになりましょうか（笑）。

〈費用対効果〉を考えるのは学校全体を動かすような仕事をするようになってからのことで

す。それまでは、学級経営にしても、授業づくりにしても、生徒指導にしても、行事への取り組みにしても、学級通信の作成や学級事務においてさえ、すべてが勉強なのだと謙虚に構えるべきなのです。そもそも生徒指導や不登校対応において、〈費用対効果〉を考えて仕事にあたるなどということが可能なのでしょうか。そんなことを考えていては、「ああ、先生はめんどくさがっている……」と子どもに伝わってしまいかねません。

確かになんでもかんでも全力でやっていては躰がきついこともあるでしょう。研究授業の指導案をつくっていれば、これで終わりというラインがないことにも気づきますから、やればキリがないという気持ちもわかります。しかし、そういう取り組みをしてみない限りは、いつまで経っても「ここが落としどころかな」というラインは見えてこないのではないでしょうか。

あんなに言って聞かせたのにこの子はまたこんなことをして……。この間、あんなに泣いて反省したのはなんだったんだ……。子どもにはそういうことも確かにあります。しかし、それでも信じて時間と労力をかける、私たちはそういう仕事に就いているのです。

09 先の見えない方を選ぶ

□若い人の最近の特徴に失敗を極度に怖れることがある。

□しかし、仕事にはコストもかかればリスクもあるのは当然のことである。

□コストを忌避するべきではないし、リスクも積極的に取るべきである。

□教育現場では先が見えないことがかえって躍動感を生むことがある。

□先の見える方を選ぶのが成功のコツ、先の見えない方を選ぶのが成長のコツだと心得たい。

最近の若い人に見られるもう一つの特徴は、失敗を極度に怖れるということです。もしかしたら「そんなことないよ」という読者もいらっしゃるかもしれませんが、長年若者たちを見ていて、最近このことを特に感じます。

確かに世の中は失敗に寛容ではなくなりました。学校現場にも確かにその傾向があります。管理職は保護者からのクレームを極度に怖れているところがありますからね。ひと昔前と違って、子どもを育てること以上にクレームをもらわないことを優先する決定というのを私も幾度か見てきました。

でも、それは管理する側の論理であって、前線で仕事をしている学級担任がそういう心持ちで仕事していては、うまくいくものもうまくいかなくなってしまいます。失敗から学ぶというのが一番学びとしては身になります。クレームをもらったときに誠実に謝罪することによって許してもらったという体験、小さなミスをして気づかなかったことがかえってそれを取り返すのに時間と労力を費やすことになってしまったという体験、こういう体験こそがあとで振り返ると一番良い学びになったということはよくあるものです。

あっさり言ってしまえば、仕事にはコストもかかればリスクもあるということです。しかし、そこでコストを支払うことを忌避したりリスクを取るのを避けたりすれば、やはりコストを支払わなかったなりの教員人生、リスクを取らなかったなりの教員人生にしかならないわけです。しかも、これだけ変化の激しい時代ですから、無難に生きようとした教員人生がかえって無難にいかなかった……なんてことにもなりかねません。やはり、時間と労力はかけなければならないのだと腹を括ることが大切なのだと思います。

私は二十代の指針として「先の見えない方を選ぶ」という言い方をしています。

実は、私は新採用から十七年間、演劇部の顧問をしていましたから、ステージ発表の指導を得意としています。自分で脚本も書きますし、演出もそれなりにできます。

私の学級用ステージの定番に「ミッキーマウスとゆかいな仲間たち」というステージ発表があります。学校祭で最初に上演したのは一九九四年、私が新採用から四年目のことでした。ディズニーキャラクターの被り物をたくさんつくって、衣装もたくさんつくって、舞台装置もたくさんつくって、学級でつくるステージ発表としてはかなり大規模なものでした。ステージは大成功で、学級の生徒たちも大きな満足感を得ましたし、全校生徒からも同僚からも保護者からも拍手喝采をいただきました。

以来、それと同じステージを私は学校祭で二回行いました。でも、確かにステージ発表としては成功しているのですが、初めてやったときのような楽しさがないのです。私にもないし、生徒たちにもないのです。私は「はて？」と考えました。そうして到達した結論は、「ははあ、初めてやったときには自分にも生徒たちにも先の見えない状態でつくっていった。だから毎日がアイディアの出し合いであり、毎日が壁への挑戦であり、毎日が試行錯誤の連続だった。だからこそ、終わったときにはあれだけの満足感を得られたのだ」というものでした。二回目、三回目とやっていくと、私のなかには既に完成イメージがあって練習をスタートさせますから見通しはもてます。でも、私のなかにはドキドキ感もなければワクワク感もありません。そのドキドキ・ワクワクのなさが、生徒たちを初めてやったときのようには盛り上げないのです。

確かに私が定番としているステージ発表ですし、大規模なステージ発表でもありますから成功はするのです。みんなからそれなりの評価は得られますし、生徒たちだってやって楽しかったとは言うのです。ただ、私だけが知っている、あの初めてやったときのような躍動感はない。私にも生徒たちにもない。そういう状態になってしまうのです。

さて、みなさんにはこの構造がおわかりでしょうか。

そうです。私は目の前にある確実な成功を選んだわけですね。「先の見える方」を選んだわけです。ほんとうは「先の見えない方」を選んで、明日はどうなるか、本番までにほんとうに完成するのか、おいおい、ここどうする？　とやっていった方が、ドキドキ・ワクワクしながら進めていけたのに、私に先が見えているからどうしても小手先の技術に走り、小さくまとまってしまったわけです。

それ以来、私はどんなに成功したステージ発表も二度と再び上演するということをしなくなりました。

実はこういうことは世の中にたくさんあります。私は全国を講演やセミナーでまわることが多いのですが、そんなときでも新ネタを話すときには失敗しても楽しいのに、方々で何度もしゃべっている内容のときには成功しても楽しくない。しかも、新ネタのときには失敗しても自分の成長を感じられるのに、いつものネタのときには成功しても消化試合みたいに盛り上がらない。そんなことがよくあります。

先の見える方を選ぶのが成功のコツ。

先の見えない方を選ぶのが成長のコツ。

成功と成長。あなたはどちらを選びますか？　二十代のみなさんには、胸を張って、「私は成長を選ぶ」と言ってほしいのです。時間と、労力と、お金がかかることを厭わずに。

CHAPTER 4
学びの対象をしぼらない

プロローグ

この章では,「学びの場」について述べていきます。成長するには,「教師とはこうあるべきだ」という固定観念などをもってはいけません。「柔らかい自我」が必要です。

あなたの知らないこと,あなたが考えたこともないようなことに一生懸命に取り組んでいる教師が,全国の至るところにいます。

10 柔らかい自我をもつ

□自分を〈教師〉であると一つの特徴で規定してしまうと、他の特徴に対する意識が薄くなる。

□むしろ自分を、趣味や特技、性格や資質などたくさんの特徴をもつ複合体であることを意識した方が仕事にも広がりと深みが出る。

□それを更に広げ深めるためには、たくさんの本や先達や子どもたちを触媒にしながら成長することである。

□教師に固定観念は禁物である。

あなたは自分のことをどんな人間だと思っているでしょうか。誠実な人でしょうか、ちゃらんぽらんな人でしょうか。暗い人でしょうか、それともノリのいい人でしょうか。そんなことひと言じゃ言えないよ……というのが本音かもしれません。

みなさんは「abstract」という単語をご存知でしょうか。名詞としても形容詞としても機能する単語ですが、動詞としては「抽象する」という意味と「捨象する」という意味をもっています。つまり、「取り出す」と「捨てる」ですね。もしかしたら、一つの単語が「取り出すこと」と「捨てること」というまったく異なる意味をもつことが不思議に思えるかもしれません。しかし、「取り出すこと」と「捨てること」はまさしく同じ意味なのです。

例えば、私は中学校の国語教師です。これを「堀裕嗣は中学校の国語教師である」と表現します。これは堀裕嗣という人物が中学校で国語を教えている先生であることを意味します。要するに、堀裕嗣という人物から中学校国語教師であるという特徴を取り出しているわけです。

しかし、自分で言うのもなんなのですが、私は中学校の国語教師であること以外にもいろんな特徴をもっています。例えば、学生時代に野球部でいまでも野球が大好きであること、大学時代から演劇をやっていて長く演劇部をもっていたこと、犬が大好きで自宅に二匹のミニチュアダックスを飼っていること、酒好きで日本酒なら一升くらいは軽く飲めること、などなど、このへんでやめておきますが、要するに堀裕嗣という人物はほんとうはこうしたたくさんの特徴の複合体としてあるわけです。

実は「堀裕嗣は中学校の国語教師である」と中学校国語教師という特徴を取り出すことは、その他のさまざまな特徴を捨てることを意味しています。つまり、「抽象すること」は「捨象すること」と同時に行われるわけです。

実は〈自我〉にも同じことが言えます。人の人格は決して全人的ではありません。こう言ってわかりづらければ、決して統一体ではありません。一個の人格としていついかなるときも同じような判断をし同じように行動する、そういう確固たる統一体ではないのです。むしろ、さまざまなもの、さまざまな人に影響を受けながら、その瞬間瞬間に形や趣を変えていく、そういうものです。〈自我〉というと「自分」を確固としてもっているというようなイメージがありますが、むしろ〈自我〉とはさまざまな環境に影響を受けながら形や趣を変えていく柔らかいものだという捉え方をする方がみなさんの実感にも沿うのではないでしょうか。

教師としての人格、教師としてのキャラクターも実は同じなのです。決して統一体ではあり得ません。なにか本を読んで感銘を受ける。だれか人に会い視野が開ける。なにか失敗をしてこれまでの自分を内省する。関係のうまくいかない子どもや保護者と出会って、教師観・教育観をゆさぶられる。そんなことの連続が教師人生なのだと言っても過言ではありません。

本を読んだり、重大な出来事、出会った人の存在によって自分が変容する。そうしたとき、自分を変容させるものを私は〈触媒〉と呼んでいます。自分に化学変化をもたらす媒介物ということですね。

私たち教師も、さまざまな〈触媒〉によって揺れ動くことにこそ本質があります。さまざまな〈触媒〉によって形を変え趣を変えることにこそ本質があるのです。そしてそのとき、その変容が〈向上的な変容〉であったとき、私たちはそれを〈成長〉と呼ぶのではないでしょうか。

〈成長〉するためには〈柔らかい自我〉が必要です。決して「教師とはこうあるべきだ」などという固定観念を抽象して、その他の可能性を捨象してはいけません。その意味で、「abstract」は〈成長〉の敵なのです。

11 外に目を向ける

□勤務校での地盤が固まったら、広くものを見るために、若いうちに外に目を向けることが必要である。
□勤務校での地盤が固まったら…という条件がとても大切である。地盤固めに外の視点を導入しようとするのは失敗することが多い。
□地盤固めがままならない要因は自分自身にあることが多い。
□地盤が固まったら即座に外のエッセンスを導入して視野を広げるべきである。

教師人生は初任校での出会いに規定される――いきなりこんなことを言ったらあなたは眉をひそめるかもしれません。おいおい、じゃあもう取り返しがつかないじゃん……。そんな声も聞こえてきそうです。

でも、最初の勤務校で最初に配属された学年を想い出してみてほしいのです。あなたのいま担任している学級の当番活動の在り方や係活動の在り方は、そのとき隣の学級の先生から学んだものではないでしょうか。あなたのいま担任している学級で毎日行われているあなたが得意でない教科の授業の形式は、初任校の同じ学年の先生方から影響を受けたものではないでしょうか。あなたのいま担任している学級の教室の掲示物は、どんな貼り物をつくるかはもとよりどこに貼るかに至るまで、なんとなく初任校で形成されたイメージが残ってはいないでしょうか。なかには初任校でお世話になった先輩教師に誘われて入った研究団体で、いまなお活動しているなんていう人もいるのではないでしょうか。右も左もわからない教員人生のスタート、最初の学校で出会った先輩教師というのはかなり大きな影響力をもつものなのです。

しかし、私はそれが悪いと言っているわけではありません。初任校は教員人生の基礎固めの時期ですから、すべてを自分で考えるとかすべてを自分で勉強しながら工夫するなんてことはできるわけがありません。問題なのはその後なにも考えずに、なんとなくそのやり方を継続してしまうというところにあります。もちろん継続した方がいいような素晴らしいシステムを初任校で教えてもらえることがないわけではありません。そういう運のいい人が運のいいままになんとなく過ごしてもうまくいくということがないではないでしょう。しかし、どんな良いシステムにも授業法にも、常に工夫と改善を加えながら磨きをかけていくことは必要です。ましてやそれほどでもないシステムや授業法に、それしか知らないばかりにしがみつく結果になるのはいただけません。

私は一度無難に一年間を過ごすことができたら、次の年には視野を広げて新たなことを学び始めるべきだと考えています。初任の年に無難に過ごすことができたら教師生活二年目には外に眼を向けてみるわけですね。そうした心構えをもって「井の中の蛙」にはならないぞと意識するのです。

ただし、一度無難に一年間を過ごすというのは絶対条件です。初年度に学級を崩壊させてしまったとか、初年度に心ならずも休職してしまったとか、そういうことがある場合には自分にはなにが足りないのかと謙虚に構えることが必要になります。そういう経験をした人は、周りの意見に聞く耳をもたなかったり周りを否定的に見たりということが多いようです。そういう人はまだ自分では気づいていませんが、子どもたちに対して〈悪しきヒドゥン・カリキュラム〉（自分では意識していないのに、子どもたちに与えてしまっている悪影響）を形成してしまっている場合が多いのです。まずはそれを意識するために周りの意見に耳を傾けなくてはなりません。

また、初任校が地域的に「荒れた学校」というイメージをもつ場合にも注意が必要です。そうした学校では、職員室全員が「この学校だから仕方ない」ということを前提に学校運営がなされている場合が少なくありません。理想を高くもつことを最初からあきらめて、低い目標設定で学校が運営されている場合があるのです。そういう意識の学校では、子どもたちのまだまだ伸びる可能性を職員集団が摘んでしまっているという場合が多々見られます。それに同化してしまってはいけません。

いずれにせよ、学校教育界は広いのです。あなたの知らないこと、あなたが考えたこともないようなことに一生懸命に取り組んでいる教師が全国の至るところにいます。そういう実践を知り、できれば自分の眼で確かめ、少しでもそのエッセンスを自分の学級に、自分の指導の在り方に取り込めないかと模索する。そういう人生でありたいものです。

二年目からは外に目を向ける。これを意識しましょう。

12 ピン芸人を目指す

□自分が成長しようと思うなら、多くの場で学び続けるのが良い。

□〈創造〉とは一見かけ離れたものを融合したり別の枠組みを発見したり別の枠組みから整理し直したりすることを言う。

□しかし、多くの学びの場は「学びを一つにしぼれ」と圧力をかけてくる。

□そのときに多くの場で学び続けるという姿勢を堅持できるか否かに成長の如何がかかっている。

□教育のピン芸人をこそ目指すべきである。

私は多くの研究団体で学んできました。三十歳の頃には国語教育だけで十七もの研究団体に所属し、毎週末にどこかしらで研究発表をしていました。

私はその後、幸いにして国語教育関係の書籍を上梓できる立場になりましたが、私の国語教育に対する考え方の基礎はこの時期にでき上がったと言えます。国語教育はさまざまな論者がさまざまな主張をしています。諸派諸説が乱立する世界です。そうした毛色の異なる研究団体で毛色の異なることを同時に学んだことが私の国語教育観を形づくっていると言って間違いありません。私の国語教育実践は基本的に、日本文学協会の国語教育部会で学んだ文学教育と日本言語技術教育学会で学んだ言語技術教育とを融合した地点にあります。経験主義的な認識教育の権化のような国語教育理論と、系統主義的な実用教育の権化のような国語教育理論、要するに国語教育界の対極にあるような理論・実践を私なりに整理したところにあるわけです。

国語教育に限らず、教育実践の研究というものは〈創造性〉が鍵になります。〈創造性〉は一般的にこの世にないものを創り出すことというイメージがありますが、人間がゼロからなにかを創り出すということはあり得ません。必ず先行する理論や実践があって、それらを融合したり、多くの人が過小評価している事柄に注目して別の枠組みを提示したり、その別の枠組みからさまざまな理論・実践を整理しなおしたり、そうした営みのことなのです。つまり、でき

62

るだけ毛色の違う理論・実践に広く接しているほうが〈創造性〉が培われるということが言えます。

特に、一般的に対極にあるとされるものを融合したり、一見まったく関係性が見られない二つのものを組み合わせたりということは、人の〈思考〉を活性化させ、〈創造〉を喚起するものです。私は若いうちから意図的にそういう場に身を置くことが大切だと考えています。

しかし、社会は若者の〈創造性〉を促すようにはできていないところがあります。官製・民間を問わず、多くの研究団体は常に若者を自分たちの組織に取り込もうとします。有望な若者ほどそういう誘いを受けます。しかも、他の研究団体に所属しながら自組織でも活躍してもらうという発想をもちません。その結果、「この組織だけで学べ」「この組織で学ぶことこそが最も成長を保証するんだよ」という論理で手を換え品を換えて囲い込もうとします。それに乗せられてしまうか、すべてに適度な距離感をもってフラットな地点に留まるか、まだ世の中の構造を理解できていない若い段階で迫られるその判断が生涯の教師生活を決めてしまうところがあります。

私は「学びの場を一つにしぼれ」という圧力をかけてきた組織からは離れるという判断を常にしてきました。いま考えても、その判断は正しかったなと感じています。学びの場を一つにしぼることとは、先に言った〈abstract〉と同じ構造をもちます。一つにしぼることは研究の対象、学びの対象を〈抽象化〉することであり、他の研究、他の学びの可能性を〈捨象〉することです。まださまざまな可能性をもっている時期に、まだその他の可能性を理解できていない時期に、いろんな可能性を捨ててしまって良いわけがありません。

いまでもさまざまな教育運動体が若者を囲い込もうと手を換え品を換えて働きかけています。FBのグループをはじめ、さまざまなSNSで囲い込みを図ろうとする動きもあります。そうと気づかないままに囲い込まれる若者が後を絶ちません。そういう若者たちを見ていると、私は残念に思えてなりません。

教育界に限らず、運動体というものは立ち上げのときには諸派乱立から始まります。それぞれがそれぞれの主張を展開して活況を呈するものです。しかし、数年が経って運動の形が整ってくると、必ず運動体の代表がしめつけを始めます。「学びの場を一つにしぼれ」と言い出します。メンバーに他の可能性を捨てさせようとし始めます。運動立ち上げの頃に貢献した実力者が切り捨てられます。十年が経った頃には、ヒエラルキーが形成され、ある種の宗教のような構造を示し始めます。私はこのことを「教育運動は十年経つと宗教化する」という言い方をしています。

私も「研究集団ことのは」という小さな組織の代表を務めていますが、こういう考え方を基本としている私は、所属する若者たちに「堀の追試をしようなんて考えるんじゃない」「他の場にたくさん行って学んで来なさい」といつも言っています。その結果、「研究集団ことのは」は私とはまったく異なる発想で、独自の提案をしている人をたくさん輩出してきました。私が「ピン芸人」と呼んでいる、一人で勝負できる実践者をたくさん輩出してきました。そして彼らの提案が代表である私に多くの学びをもたらし、更に組織を活性化させるという結果になっています。組織とはこういう在り方こそが理想なのだと私は考えています。

学びの場は決して一つにしぼってはいけないのです。私が二十代のみなさんに声を大にして言いたいことです。

CHAPTER 5
よく学び，よく遊ぶ

プロローグ

この章では，「共鳴力」について述べていきます。子どもの本質は遊びにあり，遊びを心から愉しめない教師は，子どもの本質を理解し得ません。

子ども理解はもちろん，指導力はスキルではなく，「共鳴力」なのです。「共鳴力」は遊びでこそ身につくのです。

13 チューニング能力を高める

□遊べない教師はダメである。
□子どもの本質は遊びにあり、遊びを心から愉しめない教師は、子どもの本質を理解しえない。
□子ども理解はもちろん、指導力はほんとうのところ、スキルではなく、共鳴力である。
□子どもの発している電波にチューニングを合わせられる教師が、共鳴力の高さを発揮できる。
□共鳴力は遊びでこそ身につく。

教職経験も長くなってきました。その間，若い教師をたくさん見てきました。その結果，一つだけこれだけは言えるな……ということがあります。それは「遊べない教師はだめだな……」ということです。「遊ぶときにはとことん遊べる教師が良い教師になるな……」と言った方が良いかもしれません。

〈遊べる〉ということは，実は物事の楽しみ方を知っているということです。どんなメンバーとも，どんな場所でも，おもしろさを発見してそれを心から楽しむことができる，ということです。どうでしょう。この資質が教室でどう活かされるか，考えるまでもなく理解できるはずです。〈遊べる〉ということは実はそういう資質のことなのです。

子どもの本質は〈遊び〉にあります。昔から「よく学び，よく遊べ」と学校のいたるところに貼ってあるのを見ましたが，子どもというものは〈遊び〉のなかに人間関係の機微を学び，〈遊び〉のなかで自分と社会，自分と世界との関係性を学びます。よく遊ぶ子ほど自分を高めていける……それが子どもの世界です。言うまでもないことですが，子どもはおもしろいことが大好きです。世界にはおもしろいものがたくさんある，よく遊ぶ子どもは無意識のうちに毎日それを実感しながら生きていきます。

こういう子どもたちと毎日接しているというのに，担任教師が日常生活のなかに楽しみを見出せないタイプの人では、子どもたちがかわいそうです。やはり一緒にゲラゲラ笑ってくれる先生、子どもたちが陰に隠れてやるいたずらを叱りながらもそのおもしろさには共感してくれる先生、必要なときにはボケてくれ必要なときにはツッコミを入れてくれる先生、そういう先生こそがやはり子どもたちを育てていくのだろうと思います。

こうした教師が子どもたちを育てるのは、決して授業力が高いとか指導力があるとかいったこととは別の能力なのだと思います。つまり、スキルではない、ということです。私はこれを〈共鳴力〉と呼んで、教師力の大きな要素の一つだと捉えています。教師が〈遊べる〉ということは、実は他者への〈共鳴力〉が高いことを意味しています。

〈遊べる〉ということは、実は〈チューニング能力〉が高いということです。一緒に遊んでいるそのメンバーを楽しめない、その場を楽しめないということは、実はそのメンバーや場所にチューニングを合わせられないことを意味しています。その場がAMの場なのに自分のFMの世界に閉じ籠もっている。そんなイメージですね。

学級崩壊を起こす教師、子どもに反発される教師を見ていると、このことが実感されます。子どもの発している電波とは異なった電波で受信しようとしている。子どもの電波とは合致しない、自分自身のたった一つの電波しかもっていない、そういう教師が子どもたちとのコミュニケーションを断絶させてしまいます。

子どもたちがバスケットボールを投げてきているのに、教師の側は卓球のラケットで打ち返そうとしているようなものです。教師には「いまはバスケットなのだ」「いまはバレーボールなのだ」「いまはカーリングなのだ」と即座にチューニングを合わせられる、そんな〈共鳴力〉がなによりも必要なのではないでしょうか。

ああ、いまこの子は私をかわしてレイアップシュートを打とうとしているなとか、あっ、こいついま自分にいいトスを上げてきたなとか、おおっ、ここはいいコースに決まりそうだ、ブラシで掃いてあげなくちゃとか、子どもと接するときというのはこうした判断の連続です。学級崩壊を頻繁に起こす教師、子どもたちとのコミュニケーションが下手な教師というのは、実はこれができないのです。

これを教室のなかで、つまり子どもたちのやりとりのなかで鍛えようとするのはかなり難しいことです。教室のなかには利害関係がありますし、教師にはどうしても子どもたちに対する責任を負っている意識が働きますから、単純に楽しむやりとりにはならないわけですね。やはり、気の合わない人、知らない人とも遊んでみる、そこに楽しみを見つけてみるというのが近道であるように思います。

14 教師冥利に尽きる遊びを想定する

□教師という職業は、時を隔てると教え子さえ遊び仲間とし、学びの対象とすることのできる稀有な職業である。

□教え子も大人になれば、自分の知らないたくさんの世界を知っている。

□数十年後に教え子と呑みながら、教え子から学ぶことができるということを、私は「教師冥利に尽きる遊び方」だと感じている。

□こうした感じ方が、今目の前にいる教え子への視線をも変えていく。

私の教え子に水尻健太郎という男がいます。新採用から三年間の教え子ですから、平成十五年現在で三十七歳。教え子と言ってもいい大人です。実はこの水尻健太郎がすすきので小さなバーを経営しています。私はすすきのに行くたびに最後はこのバーに行って水尻とああでもないこうでもないと会話を愉しむことを常としています。朝方まで営業しているバーなので、帰宅が五時くらいになることも珍しくありません。

私の教え子に長麻美という女の子がいます。これまた新採用から三年間の教え子ですから、水尻と同い年です。札幌で小学校の教師をしています。担任したことはなく、授業でさえ一度ももったことがない教え子なのですが、演劇部で三年間指導した生徒なので、担任していた子どもたち以上に共有した時間は長かった生徒です。彼女は三十代も半ばを過ぎたいまでも舞台に立ち続けています。私にとって彼女の舞台を観に行くことは人生の楽しみの一つです。年に数回程度、彼女と呑みに行くこともあります。演劇論から教育論議まで話題も合いますから、ほんとうに楽しい時間を過ごすことができます。

さて、教え子を二人紹介しました。私がここで言いたいのは、教師という職業が時を隔てると教え子さえ遊び相手にしてしまう職業なのだということです。しかも単純に楽しむためだけの遊び相手ではありません。教え子はいまでこそ教室と家庭と地域だけを世界観にして生きて

いますが、将来は一人の大人として、それもちゃんと自分の世界をもった一個の人間として目の前に現れるのです。かつては教師として自分がいろいろなことを教え、いろんなことを考えさせ、いろんなことを体験させた子どもたちが、いまは教師である自分と対等に話し、議論し、自分の知らないことをたくさん学ばせてくれる存在になるのです。こうした遊びは同じ遊びでも「教師冥利に尽きる遊び」と言えるのではないでしょうか。

こういう遊びを覚えて、私はいま目の前にいる子どもたち、いま担当している子どもたちに対する〈見る眼〉が変わりました。ああ、この子たちは数年後、自分に学びをもたらしてくれるのかもしれない。そう考えると、一人ひとりの子どもたちに対しても、手を抜けないなという気になるものです。

もちろん、教師は子どもたちから学ぶと言われます。子どもの反応から、子どもの在り方から教師は多くを学びます。しかし、それはあくまで〈教師としての学び〉です。私がいま言っているのは、教え子が将来、自分に〈人としての学び〉〈人間としての学び〉をもたらす存在になっていくのだということです。そしてそれを「教師冥利に尽きる遊び方」だと言っているわけです。

15 仕事を道楽と心得る

□教師の成長に際して「修業」「修行」という言葉を使う人もいるが、教師の力量形成は〈道楽〉として楽しむのが良い。

□教職の多くの要素は生活や趣味、遊びと切り離せない。

□教師であるというだけで、子どもにも保護者にも経験談や人生観を聴いてもらえる、教職はそうした稀有な職業である。

□自分の話す内容、書く内容、即ちコンテンツを充実させるのを怠ることは、教師としての慢心だと心得たい。

教職を「子どもたちとの闘い」だと表現する人がいます。実践研究を「修業」だと表現する人もいます。なかには「修行」と表現する人さえいます。しかし私は，教職という仕事も実践研究も，ある種の〈道楽〉だと感じています。自分は〈道楽〉で喰わせてもらっていて幸せだな，と……どこかそんな感覚を抱いています。

教職の大きな特徴は，ここからが仕事，ここからが生活と分けられないところにあります。生活どころか，〈遊び〉とさえ明確に分けることができません。生活上のさまざまな事柄が教室での出来事を判断する基準となります。趣味や遊びで取り組んでいることが学級づくりや行事運営に大きく役立つこともあります。しかもたくさんあります。こういう職業は珍しいのではないでしょうか。

例えば，趣味がギターの弾き語りだとしましょう。人前でギターの弾き語りをしたいと思ったとき，三十人，四十人の観客を集めることはかなり難しいものです。街中で路上ライヴをする若者をよく見ますが，足を止めて聴き入っている人はほんの数人です。ギターケースに某《なにがし》かの金額を投げ入れる人はもっと少ないのが現状です。それなのに私たちは教師であるというだけで常に三，四十人の人に聴いてもらうことができます。たいしてうまくもないのに，「先生，うまいね」と言ってもらえます。そんないい気持ちにさせてもらっておきながらお金がもらえちゃうのです。なんと良い職業なのでしょう。

例えば、マジックを趣味としているとしましょう。ちょこちょこっと練習しただけの決して本格的なマジックでないとしても、子どもたちはちょっと大袈裟なんじゃないの？　と思うくらいに驚いてくれます。そんないい気持ちにさせてもらっておきながらお金までもらえちゃうのです。なんと良い職業なのでしょう。

例えば、教職に就いていなかったとしたら、あなたごときの人生観をだれが聞いてくれるでしょうか。勤務時間のなかで人間とはかくかくしかじかであるとか、人にはこうこうこういうことが大切だとか、そんな個人の見方、考え方を真剣に聴いてもらえる人というのは世の中にどのくらいいるのでしょうか。個人の人生観などというものは、ふつうは喫茶店や居酒屋で学生時代から仲の良い友達くらいにしか聴いてもらえない、そういうものなのではないでしょうか。なのに私たちときたら、子どもたちだけでなく、その保護者にまでえらそうに語ることが許されているのです。そんないい気持ちにさせてもらっておきながら、世の中から見れば決して安くはない給料がいただけるのです。しかもみんなが汗水垂らして支払った税金からです。これを良い職業と言わずして何と言えばよいのでしょうか。

こう考えると、私が教職を〈道楽〉と呼ぶのも少しはなるほどなと思えるのではないでしょうか。

それなのにいつの間にか多くの教師が、子どもたちが自分の話を聴くのは当然だと思うようになります。この子たちは話を聴かないと子どもたちを責めるようになります。子どもたちが自分がせっかく書いた学級通信を読んでくれないと子どもたちを責めるようになります。しかし、あなたの話や書く内容は果たして市井の人々が聴きたい、読みたいと思うような内容なのでしょうか。子どもたちを責める前に、自分自身のコンテンツ自体を振り返ってみるべきなのではないでしょうか。

この話したり書いたりするコンテンツを充実させる営み、質を高める営み、それを「実践研究」と言います。コンテンツは、私たちが実社会のなかで楽しいと感じたりなるほどと感嘆したりすればするほど充実していくという特徴をもっています。つまり、学んだことはもちろんなのですが、遊びのなかで体験したエピソードや趣味で身につけたちょっとしたスキルなどがコンテンツを充実させていくわけです。そうしたエピソードやスキルを集めることが、「闘い」や「苦行」であるはずがありません。

しかも、です。人の表現というものは、表現者が楽しいと思っていることを語れば語るほど、受け取る側にもそれが伝わるという特徴をもっています。表現者が本気で楽しんでいるものほど、実はよく伝わっていくものなのです。それならば、自分自身が本気で楽しめることを中心にコンテンツ開発をしていくというのが最も良い在り方ということになるのではないでしょうか。やはり、「実践研究」もまた、〈道楽〉なのです。

世の中のさまざまなことにおもしろさを感じられるほど、世の中の小さなことに興味深さを感じられるほど、実は教師としてのコンテンツの質は高くなっていくのです。それは決して、学校内に閉じられるべきものではありません。なんでも良いのです。学校というところは、社会にあるものならほぼなんでも取り入れることのできる稀有な場所です。つまり、自分が興味を抱いたり楽しいと感じたりしたことを取り入れることのできる、たいへん恵まれた場所なのです。そういう場を仕事としていることを私たちはもう少しポジティヴに捉えるべきでしょう。

最後にもう一度繰り返します。教職という仕事も実践研究も、ある種の〈道楽〉なのです。よく学び、よく遊ばなければならないのは子どもたちだけではありません。我々教師がよく学ぶと同時によく遊ぶべきなのです。子どもたちに語るべきことの質を少しでも高めるために……。

CHAPTER 6
先輩教師にかわいがられる

プロローグ

この章では，「コミュニケーション」について述べていきます。先輩教師などとの人間関係がうまくいっていないなどの相談を受けるときには，必ずその先輩教師に「頼ってみること」「一緒に小さな仕事をすること」の二つを勧めています。それは間違いなく自分の成長にもつながるはずです。

16 場の雰囲気を共有する

□コミュニケーション能力には、ビジネスライクを想定したものと以心伝心を想定したものとの二種類がある。

□日本人にとってコミュニケーション能力はまだまだ、以心伝心の要素が大きい。

□ビジネスライクなコミュニケーション力に秀でた人は、評価はされるが愛されない。

□場の雰囲気を共有することを重視し、先輩にかわいがられることは強みになる。

□職員室の人間関係も、教室の人間関係も、まだまだ以心伝心が重視されている。

職場に三人の新卒さんがいるとします。職場の呑み会の二次会でカラオケにやってきました。先輩教師が「よし！新卒、順番に一曲ずつ歌え～！」と言いました。

新卒Aはカラオケが嫌いです。歌が苦手だからと最後までかたくなに拒否しました。新卒Bはカラオケが大好きです。ビブラートを利かせて得意のバラードを歌いました。新卒Cはカラオケが得意ではありません。どちらかというと苦手です。それでも「僕、筋金入りの音痴なんですよ」と言って、超音痴な流行りのアイドルの歌を披露しました。それも踊りながら……。

さて、新卒A～Cのなかで今後最も先輩方にかわいがられるのはだれでしょうか。これがまず間違いなくCくんなのです。これは理屈ではありません。どんなにそれが理に適っていない、不条理だと言われても、世の中とはそういうふうにできているのだから仕方ありません。多くの人たちがCくんに好感を抱いてしまうことをだれも責められないのです。

これからの時代に求められる能力の筆頭として〈コミュニケーション能力〉が叫ばれるようになって久しくなりました。就職面接でも〈コミュニケーション能力〉の査定が最も大きな要素を占めると言われます。しかし、猫も杓子も〈コミュニケーション能力〉と叫ぶのに、その内実はよくわかりません。多くの若者たちはそれをビジネスライクに捉えます。要するに、プレゼンテーション力とかディベート力とか交渉力とかいったタイプの能力ですね。でもこれらの能力は確かにこれからの時代に必要とは言われていますが、日本人にとってはイメージ的にどうしても馴染まない能力群です。みんな口ではこれらの能力が必要だと言っていますが、実はそれはどこかに「口達者なだけの人」というイメージがつきまとい、本音ではあまり好まれていないのです。

日本人にとっての〈コミュニケーション能力〉は、実は他人に共感できるとか、他人を楽しませることができるとか、一緒にいると気楽でいられるとか、そういう人がもつ雰囲気のことです。要するに机を並べて一緒に仕事をしたいと思わせる雰囲気を漂わせているかどうか、実はそれこそがこの国で言う〈コミュニケーション能力〉の実態なのだと私は感じています。

前者の〈コミュニケーション能力〉であれば、もしかしたらBくんのほうが優れているかもしれません。Bくんのほうが仕事をそつなくこなす力ももっているかもしれません。しかし、後者の〈コミュニケーション能力〉については、圧倒的にCくんが優れているのです。「愛される力」「かわいがられる力」に大きな差異があるのです。Bくんは評価されるけど愛されない、Cくんは愛されるからこそ評価される、そういう差が生じているのです。ついでに言うと、Aくんはどんなに仕事ができても評価されることもなければ愛されることもありません。いくら不合理だ、不条理だと叫んでもそういうものなのだから仕方ありません。

別の言葉で整理すると、Aくんの優先順位の一番は「自分を守ること」、Bくんの優先順位の一番は「自分をアピールすること」、Cくんの優先順位の一番は「場の雰囲気を共有すること」と言えるかもしれません。少なくとも先輩教師にはそう見えたはずです。人の評価というものはこうした何気ないことの積み重ねで形成されていくのです。

納得できない……そう思われる読者もいるかもしれません。でも、こう考えてみましょう。子どもたちのなかで、あなたがなんとなく親近感を抱く子はどんな子どもでしょうか。この子はかわいいなと思うのはどんな子でしょうか。おそらくは人なつっこくて、どこかおっちょこちょいのところがあって、でも自分のミスを笑い飛ばしてしまう。また、同じような失敗を繰り返すことさえ少なくない。そんな子なのではないでしょうか。決して一度した失敗を二度と繰り返さないタイプの優等生的な子ではないはずです。そういう子は、かえって教師にちゃんと指導しなくちゃ、失敗はできないぞというプレッシャーを与えてしまうのではないでしょうか。職場の人間関係もそれと同じなのです。

17 適切にいじられる

□いじめはその人が嫌いだからすること、いじりはその人が好きで潤滑油として行われるものである。

□人間関係において適切にいじり、適切にいじられることは、なにより有効な潤滑油となる。

□適切にいじりいじられる関係は、仲が良くないと成立しない。

□適切にいじりいじられる関係が成立していると、職員室は明るくなり、仕事も機能していくものである。

「適切にいじられる」という言葉を私に教えてくれたのは、京都橘大学の池田修先生であったように思います。私は聞いた瞬間に膝を打った記憶があります。適切にいじられる後輩、適切にいじる先輩。適切にいじられる子ども、適切にいじる先生。こうした人間関係には不安を見出せません。もちろんただいじりいじられるというだけでなく、「適切に」ということが肝心です。

「いじめ」と「いじり」の関係がよく問題になります。これだけ「いじめ」が問題視される昨今ですから、学校現場では「いじり」もどこかネガティヴなイメージで捉えられがちです。私は「いじめ」は相手が嫌いだから行うもの、「いじり」は相手が好きで潤滑油として行われるものと考えていますが、いくら相手に好印象を抱いていたとしても度をすぎた「いじり」や集団化した「いじり」は「いじめ」と見分けがつかなくなります。そこで「適切な」という言葉がつくわけですね。

さて、〈いじりの適切さ〉ということについて考えてみましょう。どのような「いじり」であれば〈適切〉で、どのような「いじり」であれば〈適切〉でないのでしょうか。

しかしそれは一概には言えません。人間関係によるとしか言いようがないのです。こう考えてみましょう。

職場では毎年、忘年会が開かれます。歓迎会や送別会は転勤者のスピーチが主ですが、忘年会にはそういう主役がいませんので、余興としてゲームが行われることが多いと思います。学年対抗だったりテーブル対抗だったりで行うあれですね。

そういうゲームには罰ゲームがつきものです。一問間違うごとにスズランテープでつくったかつらを被らされたり、鼻眼鏡をかけさせられたり、例えばそういう類のものです。

職員室が仲が悪い場合、こうした罰ゲームを課されると「なんで私がそんな恥ずかしい格好しなくちゃなんないの」と否定的な気持ちになります。「そういう罰ゲームがあるから忘年会は嫌いだ」ということにもなります。しかし、職員室の仲が良い場合には、みんなの前でその程度の恥をかくことなど、なんのことはないと簡単にできてしまいます。人は仲が良い人たちの前ではそんな程度の恥をかくことくらいはなんでもないわけです。ちょっとくらい恥をかく程度のことなら、その場の雰囲気を優先するものだということもできますし、むしろみんなで大笑いしているだけでそれを恥と感じないことさえ少なくありません。

三月、私は最後の学活でフルーツバスケットをすることが多いのですが、鬼になるのが三回目になったら罰ゲームというルールで行います。罰ゲームはみんなの前でやるのが恥ずかしいようなものを設定します。「よし！　次の罰ゲームは教卓の上で尻文字で自分の名前を書く！」

とか、「じゃあ、次の罰ゲームはみんなの真ん中で踊りながらハトぽっぽ歌う！」とか、そんなくだらないけれどちょっと恥ずかしいというタイプの罰ゲームを設定するわけです。

学級づくりが成功していると、こうした罰ゲームをやんちゃ系の男の子はもちろん、大人しめの女の子でさえゲラゲラ笑いながらなんなくやってしまいます。逆に学級づくりがうまくいっていないとこうした罰ゲームは危険を伴います。保護者クレームにつながることさえあるかもしれません。しかし、これもやはり、その集団が仲が良いかそうでないかに規定されているわけです。

基本的に先輩教師がいじってきた場合には、まずは受け入れてみることをお勧めします。それが自分を好ましく思ってくれて発せられているのかそうでないかなどは、人間なら一瞬で見抜けるものです。また、〈適切ないじり〉をしている先輩教師は、後輩にいじられることも厭わない傾向にあります。職場の人間関係において、適度ないじりいじられる関係があるということは、職場を明るくし、人間関係を充実させるものです。

「適切にいじられる人」でありたいものです。

18 仕事を通じて仲良くなる

□教師もチームで動く仕事だということを忘れてはいけない。

□職員室で人間関係を円滑にしていくために、若手教師は「我以外皆我師」と心したい。

□敬愛する先達も師であり、反面教師もまた師である。

□近寄りがたい人、苦手な人ほど、積極的にアプローチしてみると世界が広がる。

□人間関係においても、固定観念に縛られていると世界が狭くなっていく。

学校の先生もチームで仕事をする時代になりました。

確かに担任学級は自分で責任をもたなければなりませんが、その責任は自分だけが負っているわけではありません。あなたになにかミスがあって保護者からクレームが来た……なんてことがあれば、学年主任の先生や教頭先生、校長先生が一緒に謝罪してくれます。あなたの学級のやんちゃ系の子や特別な支援を要する子の対応は、学年の先生や生徒指導の先生、保健室の先生などが緻密な連絡を取りながら進めていかないとうまくはいきません。一人で抱えるのではなく、みんなで取り組む。そういう時代になったのです。逆に言えば、多くの若い教師の失敗事例を見ていると、一人でできると思うから失敗するのだという側面があります。

さて、とは言うものの、職員室にはどうしても近寄りがたい先生とか、どうしても苦手な先生、好きになれない先生というのはいるものです。人間ですからそれは致し方ない部分もあります。でも、それをそのまま放っておいて、いつまでたっても近寄りがたい、いつまでたっても苦手、いつまでたっても嫌いというのでは、もしかしたら大事な成長の機会を逃しているのかもしれません。世の中には、近寄りがたいと思っていた先生が付き合ってみると意外にも情に厚い先生だったとか、苦手だなあと思っていた先生と意外な共通の趣味があったとか、嫌いだなと感じていた先生がちゃんと付き合ってみると実はとてもいい人だったとか、そんなことはいっぱいあるのです。

吉川英治に「我以外皆我師」という言葉がありますが、若い時代にはこの心持ちでいるのが最も良い在り方なのかもしれません。

極端に言えば、反面教師も教師です。やってはいけないことを学ばせてくれる良い教師なのかもしれません。反面教師から学ぶにしても、その教師と人間関係があってその人がどういうつもりでそんなことをしているのかが知れる場合と、その人と付き合いが一切なくてその人の行動だけ見て自分の解釈だけで学びにするのとでは、学びの質が大きく変わるはずです。どんな人でも人間関係があることは自分にとってプラスになります。

私はセミナーのQ&Aコーナーなどで、若い教師に先輩教師との人間関係がうまくいっていない旨の質問を受けたときには、必ずその先輩教師に〈頼ってみること〉〈一緒に小さな仕事をすること〉の二つを勧めています。

「いまこんなことで悩んでいるんですけど、なにか良い方法はないでしょうか」とか、「いまこういうことをしたいんですけど、なにか良い実践はありませんか」とか、職員室の四方山話のなかで問いかけてみるのです。それに対してバッサリと「ない！」とか「知らない！」という人はいないはずです。

そして、できれば先輩教師のその助言をちょっとだけ取り入れてみるのです。先輩教師の言うとおりにすべてを取り入れる必要はありません。発想の一部を取り入れるとか、ちょっと自分なりに工夫して取り入れてみるとか、そういう取り組みをしてみるのです。それもできるだけ早く。更にはその教師に、「先生に教えてもらったことをこんなふうに取り入れてみたらうまくいきました」とか「先生の実践をそのままは無理だったので、こんなふうにちょっとだけ取り入れてみたらとっても楽しかったです」などと報告してみるのです。その先輩教師との関係はみるみるうちに改善されるはずです。

まず、何といっても会話の機会が劇的に増えるはずです。一緒に笑う機会も増えるはずです。そして何より、その先輩教師はまず間違いなくあなたに助言してくれたりフォローしてくれたりする人に変わるはずです。若い人に頼りにされて意気に感じない人というのはまずいません。これは日本人の特徴といっても良いくらい一般的なことです。

もう一つは、一緒に小さな仕事をしてみることです。ほんとうに小さな仕事でいいのです。道徳の指導案を一つ一緒につくってみる。成績の点検活動を一緒にやってみる。朝の登校指導を一緒に担当してみる。そんなことで構いません。意外な人生観をもっているとか、意外にも効率的に仕事をする術をもっているとか、朝の子どもたちへの声かけのあり方にその人の人間味が出ているとか、なにかしら良いところを発見できるものです。

そしてそれを学ぶのです。そうしたものの見方や効率的な仕事のスキルや滲み出る人間味というものは、自分自身に取り入れられる可能性があるはずです。それは間違いなく、自分の成長につながるはずです。

しかもここが大事なのですが、あなたはそういう意識でその先輩教師を観察することになっていくはずです。その先輩教師に興味をもつことになるはずなのです。そうすると、その人生観や効率性や人間味が日常のさまざまな場面で発揮されていることに気づくはずなのです。もうこうなると、その先輩教師は既に近寄りがたい人でも苦手な人でも好きでない人でもなくなっているはずなのです。

大人社会、職場社会というのは、学生時代とは違って人間関係先にありきではありません。仲が良いから一緒に仕事ができるのではありません。一緒に仕事をしているうちに、あくまでも仕事を通じて仲良くなるのです。この順番を間違えてはなりません。

CHAPTER 7
スキルを身につける

プロローグ

　この章では，「スキル」について述べていきます。教師は話す職業ですから，「話し方」のスキルを身につけることはとても大切です。また，同じくらい大切なことに「聞くこと」があります。話すこと２割，聞くこと８割の「ニッパチの指導力」は必ず身につけたいスキルです。

19 自分なりの語りを身につける

□教師は話す職業であるから、話し方のスキルを身につけることは至上課題である。

□話し方スキルを話術とのみ捉えていては視野が狭くなる。

□教師にとっての話し方スキルとは、何より自分独自の、自分らしい〈語り〉を身につけることにある。

□必要以上に明快さやなめらかさを志向するのではなく、人間味あふれる話し方こそを志向すべきである。

□キーワードは〈対話の成立〉である。

教師が最低限身につけなければならない〈スキル〉というものが幾つかあります。教師は話すことを商売としていると言って良い職業ですから、もっとも重要なのは〈話し方スキル〉ということになるでしょう。

授業における発問や指示は〈話し方スキル〉が前提となります。生徒指導や生活指導において子どもたちを指導したり説得したりするのも〈話し方スキル〉が前提になります。学級で連絡したり説明したりするのも〈話し方スキル〉が必要です。保護者会で学級の様子を報告したり、職員室の先生に相談したりするのも同様です。つまり、教師にとって〈話し方スキル〉を身につけることは必須課題なのだということです。

一般に、〈話し方スキル〉というと、わかりやすい話、明快な話、おもしろい話など、いわゆる「話術」のことと考えられています。しかし、あまりにもなめらかな話はときに嫌味に聞こえる場合がありますし、あまりにもウケをねらった話は誠実さを欠いた印象を与えることもしばしばです。確かに教師が話すとき、わかりやすさや明快さは必要なのですが、ただうまい話が子どもたちや保護者に伝わる話し方ではない、ということは意識した方が良いでしょう。

よく営業畑の人たちの間で言われることです。なめらかに話をする営業マンというのは確かに一定の成果を上げます。しかし、営業成績のトップに立つような営業マンは決してただなめらかに商品の宣伝ができる人ではなく、実感のこもった世間話のできる人であったり、たどたどしい口調ながらも消費者に寄り添って自分の迷いや見解を誠実に語る人であったりすることが多いそうです。営業というのは感情をもっている人間を相手にしていますから、宣伝の内容や話のうまさよりも、やはり共通の〈コンテクスト〉をいかにつくれるかにかかっているのだと言えそうです。

実は、教師の〈話し方スキル〉にも同じことが言えます。子どもも保護者も、ただなめらかにうまく話すことを教師に求めているわけではありません。少々たどたどしくても構わないので、その教師独自の〈語り〉こそを聴きたいと思っているのです。

新しい先生が赴任すると、その学級の最初の学級懇談会に多数の保護者が参加するということがよく起こります。言うまでもなく、これまで知らなかった先生なので保護者はその先生がどんな先生なのかを見に来ているわけですが、そこで評価されるのはあくまで人間性です。もう少し正確に言えば、人間性のイメージです。なめらかに話をする先生は有能な印象は与えるかもしれませんが、どこか冷たい、信頼できないというイメージを与えがちです。保護者から見れば、なんとなく裏があるのではないかという印象を抱いてしまうわけですね。実はそこで保護者たちは、その先生がどれだけ誠実で一生懸命にやってくれそうな先生かということを見ています。そしてそれは、教師がしゃべった話の内容よりは、その先生の表情や仕草や迷いやものの見方や考え方などの総合的な印象、つまりはその先生独自の〈語り方〉によって判断されているのです。

それは例えば、一つ一つの質問に対して質問者の方を向いて語ったかとか、質問者に目線を合わせながらも他の保護者への気遣いがあったかとか、保護者の話を早合点したり勝手に解釈したりして話さなかったかとか、自分の言いたいことだけ言って保護者の話を聞かないという態度に見えなかったかとか、〈声にならざる声〉とでもいうべきものを聞いているのです。要するにちゃんと一人ひとりの保護者との〈対話〉を成立させていたかということを見ているわけですね。

保護者会で一人ひとりの保護者と〈対話〉を成立させられる教師は、間違いなく子ども相手でも同じことをしてくれるはずです。我が子をあずけるに足る信頼を寄せられるか否かは、そうした印象によって判断されるわけです。

教師はまず何より、子どもたちや保護者を前に〈対話〉を成立させられるような自分独自の〈語り〉を身につけなくてはならないのです。

20 ニッパチの指導力を身につける

□教師にとって話すことと同じくらい必要なスキルに、「聞くこと」がある。

□個別指導においては、話すこと二割、聞くこと八割の割合を目処とすると良い。

□しかし、二割・八割の指導は、個別指導においても授業においてもかなり難しい。

□子どもも保護者も、相談するときには、教師に自分の話を聞いてもらいたいと思っている。

□適切な助言や的確な指導以上に、教師に聞く姿勢があるかということが重要である。

もう一つ、教師が必ず身につけなくてはならない〈スキル〉があります。それは私が〈ニッパチの指導力〉と呼んでいるものです。なにが「ニッパチ」なのか。いま教師が〈話し方スキル〉を身につけなければならないと言ったばかりですが、〈話すこと〉と表裏一体なのは〈聞くこと〉です。そうです。指導をする場合には、それも特に個別指導をする場合には、〈話すこと〉と〈聞くこと〉とのバランスを二対八の割合にとることが必要なのです。

一般に教師は〈話すこと〉を職業としていますから、話し好きの人が多い傾向にあります。子どもを別室に呼んで事情を聞いたり相談を受けたりといった場合にも、子どもの話をちょっと聞いただけで自分の考え方を滔々《とうとう》と語り出す、という人が少なくありません。しかし、この手の教師からは子どもたちは次第に引いていきます。人間関係がだんだん遠くなっていってしまいます。あの先生に相談してもわかってもらえない……と思われてしまうからです。

子どもの個別指導場面においてまず大切なのは、教師が時間感覚を捨てることです。たとえ一時間後に会議が始まるとか、一時間後に外勤に出なければならないということがあったとしても、個別指導が始まったら「場合によっては遅れるかも」という覚悟を決めることです。子どもは多くの場合、自分の言いたいこと、言うべきことが整理されているわけではありません。たどたどしく、あっちに行ったりこっちに来たりといった話し方をすることも少なくありません。少なくないというよりはほとんどがそうだと言って良いでしょう。それを急かしたり、強引に話を遮ったり、教師の言葉で抽象化したりしたのでは、子どもの側は先生に話を聞いてもらったと思えません。個別指導というのは、子どもが話したいだけ話したら実は九九パーセント成功しているとさえ言えるのです。

事情を話す。気持ちを話す。相談をする。子どもが教師に求めているのは適切な助言でもなければ的確な意見でもありません。子どもが欲しているのは「先生の時間をきみにあげるよ。心配しなくていいよ。時間がかかってもいいから言ってごらん」という態度なのです。ちなみにこれは、相手が保護者でも変わらない構造です。

もしもあなたが、自分は子どもの話をよく聞いてあげているという自信をもっているならば、一度、個別指導場面を録音してみることをお勧めします。相当ちゃんと聞いたなという場合でも、教師の言葉が五割を超えているのが常です。実は教師というのは、自分では意識していませんが、そのくらいよくしゃべっているのです。

授業においても同様の構図があります。国語や道徳の時間に、子どもたちに「自由に意見を発表しなさい」という場合があります。学級全体の話し合いでも小集団交流でも構いません。そう言っておきながら、子どもたちの発言が教師の意にそぐわないものであると、すぐに出て行って「それはかくかくしかじかだから、いまはおいておこう」とか、「それはかくかくしかじかだね。先生が話してほしいのはこうこうこういうことなんだよ」などと口をはさみがちです。子どもたちの発想がなかなか本質に届かない場合には、教師が焦って割り込んでしまうということもありがちです。授業も録音してみると、それがよくわかります。

授業では、教えなければならないことは確かに徹底して教えなければなりませんが、子どもたちに交流させようとした場合にはできるだけ教師が割り込むことなく、子どもたちの「実活動時間」を保証しなければならないのです。そしてその目処が八割なのです。十五分の話し合い活動なら十二分、三十分の話し合い活動なら二十五分近くは教師は黙って聞いているべきなのです。

「実活動時間」という考え方は体育の授業を例にするとわかりやすいでしょう。教師が授業時間の半分を説明に使い、子どもたちが活動する時間が半分しかないという体育の授業があり得るでしょうか。そのナンセンス性と構造は同じなのです。

21 その年の目標をもつ

□教師が力量形成を図るためには、そのときどきの仕事だけに邁進するだけではなく、その年の目標を立てることが必要である。

□一年間一つのことを意識しながら仕事をすることは、教師を大きく成長させる。

□ただし、数多くの目標を立てたり、必要以上に計画的になろうとしてはいけない。

□ゆるやかに、大雑把に目標を設定することが、長い目で見ると確かな成長につながっていく。

四月。よし。子どもたちと良い関係を築くぞ、と目標をもちます。運動会。よし。子どもたちがひとまわり成長するようにこれに取り組むぞ、と目標をもちます。夏休みの計画を立てるにしても、研究授業や学習発表会に取り組むにしても、同じように某かの決意をするはずです。

でも、その年、その年度の目標というのを立てているでしょうか。目標というよりは年度の場合には〈研究テーマ〉と言ったほうがいいかもしれません。今年度、これにこだわって実践する。そういう目的的な一年の積み重ねが教師を成長させるのです。

私は新卒の年から〈今年度の研究テーマ〉というのを立ててきました。最初の頃は授業づくり、それも教材研究法の開発のようなものが多かったのですが、だんだんと学級づくりや行事の指導、学年運営、職員室のチームビルディングや校内研修の活性化など、個人的なテーマから学校運営的なテーマに広がっていった経緯があります。そしてそれらのテーマについて一年間考え続け、それが幾つかの書籍としてまとまりもしました。

一年間の〈研究テーマ〉は狭すぎてはいけません。かくかくという教材について徹底的に研究する、というようなテーマではなく、「物語の教材研究法について自分なりの方法を開発する」とか、「小集団交流の仕方のアイテムを十種類程度身につける」とか、「学級のシステム

（当番活動・学級組織・席替え……）について広く学び、学級システムに関する自分の基礎的な考え方をつくる」とか、「生徒指導をするときに子どもの背景に基づいて指導するあり方を分類してみる」とか、こうした少し大がかりなテーマを設定するのです。すると、日々の仕事はたくさんあるのですが、少なくとも一年間、一つの観点でものを見るということが続けられます。毎日を過ごす観点ができて意識が変わるのです。この威力たるやものすごいものがあります。毎日の日常に埋没することを避けられるわけですから。

みなさんには教員生活が忙しく感じられるかもしれません。確かにこれまで経験したこともないような重い責任を担うわけですし、自由な時間も学生時代のようには得られません。そうしたなか、多くの教師が日々の忙しさに埋没していきます。そうして「日常埋没型教師」が毎年、日本全国で産み出されます。

しかし、一年間継続して一つの観点で研究する。「研究する」などという大袈裟な意識でなくても良いのです。一つの観点を意識して毎日を過ごす。ちょっとした発見、ちょっとした迷いを記録に留めておく。それを十ヶ月も続けたら、そこからは必ず新しいものが生まれます。少なくともそれまで自分がまったく意識していなかった新しい世界が開けます。それを年度末にちょっとだけ整理してみるのです。

そのテーマについて子どもたちに語った話、学級通信に書いたこと、同僚と話していて気づいたこと、授業で意識してやってみたときにうまくいったこと、いかなかったこと、そのテーマをちょっとだけ意識して校内研修の資料に書いたこと、そんな普通なら二度と振り返ることのない、二度と読み直すことのないものを、年度末に整理してみるのです。「ああ、これはこういうことだ」「ああ、五月に子どもたちに話したことと十一月に学級通信に書いたことがとてもよく似ている」「ああ、この資料は校長先生と指導主事の先生にこういう助言をもらったっけ」といった、そんなことを整理してみるわけです。

日々意識しながら過ごしてきた新しい世界に、おそらく某かの理屈ができ上がっていくはずです。これを五年続けたら、あなたはふと気づくと、一芸も二芸も身につけた教師になっているはずです。十年続けたら全国に発信できるようなコンテンツが生まれているかもしれません。

言っておきますが、欲張ってはいけません。一年に二つも三つも目標を立ててはいけません。どれも中途半端になってしまうのがオチです。去年はこういう成果があったから今年も去年と関連したテーマを立てようなんて考えてもいけません。人間はそんなに計画的に物事を進められるものではありません。少し大がかりなテーマに、少し大雑把に取り組むというのがコツなのです。一年間続けられるようなことじゃないと機能しないわけですから……。

そしてそれを、できれば生涯続けてみるのです。実は、私はいまでも毎年の〈研究テーマ〉を決めて教師生活を送っています。毎年一つだけ、ちょっと大がかりで、それでいて無理をしないテーマ、それは変わりません。これを続けることによって、私は学校教育のさまざまな領域において、自分なりに「見る目」をもてるようになったと自負しています。

二十代の皆さんにも、是非、若いうちから取り組んでほしいなと思います。

CHAPTER 8
他者に対する想像力をもつ

プロローグ

この章では，「想像力」について述べていきます。教師はとかく自分の価値観・世界観を正しいと思っている場合が多いようです。しかし，それでは異質性の高い子どもや保護者との人間関係で見失うものが出てきます。

教師は自分の世界観を疑い，時代への想像力をもつことが必要なのです。

22 自分の世界観を疑う

□教師は自分の価値観・世界観を正しいと思っている場合が多い。

□しかし、職員室はかなり同質性の高い集団である。

□公立小中学校の子どもたちも、保護者たちも同質性の高い集団ではない。

□教師が自分の価値観や世界観だけに縛られていると、子どもとの人間関係、保護者との人間関係において見失うものが出てくる。

□教師は自分の世界観を疑う必要がある。

突然の質問で恐縮ですが、学生時代、あなたの成績はどのくらいだったでしょうか。高校時代に地元の旧帝大（東大・京大・阪大・名大・東北大・九大・北大ですね）を目指していたのに及ばず、第二志望の教育学部や教員養成系大学に進んだという方もいらっしゃるでしょう。或いは小さな頃から教職志望で、教育学部に努力して入ったという方もいらっしゃるかもしれません。しかし、いずれにしても、小・中学校のときには学年でも上位の成績を取っていたのではないでしょうか。

一般に、教員は小・中学校で成績下位だったという人がなれる職業ではありません。ヤンキー先生のような例外もありますが、一般的には間違いなく、小・中学校では成績が上位だったはずなのです。高校時代に思うように成績が伸びなくて劣等感を抱いた経験のある方もいるかもしれません。しかし、あなたが進んだ高校はあくまで進学校なのです。同年齢人口のなかではまずまず上位だったと言って差し支えないはずです。

実は、教員というのは、ある程度の成績の人たちの集まりなのです。少々言葉が悪いのですが、職員室というのは同じような階層の集まりであると言えるのです。職員室であなたの周りの同僚の先生方と話していると、話の合う人もいれば合わない人もいます。しかし、その同僚たちは須く小・中学校ではあまり勉強には苦労しなかった人たちなのです。みんな勉強はそれなりに大切だと思っていますし、小・中学校の勉強ならばそれほどコン詰めてやらなくてもできるものだと思っています。みんな社会問題にある程度の関心をもっていますし、社会にアクセスする能力ももっています。だれもが市役所に行って書類を提出するのに困ることはありませんし、新しい文明の利器が出ればそれなりにすぐに使いこなせるようになります。

さて、あなたが小・中学校時代、学級であなたよりも成績が悪かった人たちのことを思い浮かべてみましょう。或いは、高校時代にあなたよりもはるかに成績の良かった、とても敵わないと感じたクラスメイトのことを思い浮かべてみましょう。彼ら彼女らがいまなにをしているのか、あなたは知っているでしょうか。彼ら彼女らはどんな考え方をし、どんな生活をしているでしょうか。ちょっと想像力を働かせてみましょう。

あなたは想像できますか？

私としては、できれば想像できてほしいのです。そしてできることなら、その小・中学校時代の成績の良くなかったクラスメイトや、高校時代に自分よりもはるかに成績の良かったクラスメイトたちと、いまでも付き合いがあるという状態であってほしいのです。だってそうではありませんか。あなたがいま担任している子どもたちのなかには、そういうかつてのクラスメイトたちの数年から十数年前の姿があるのですから。いいえ。もっと言うなら、いまあなたが担任している子どもたちの保護者は、それらのクラスメイトたちの十年から二十年後くらいの姿かもしれないのです。

私の言いたいことがそろそろおわかりでしょうか。

私たちのものの見方、考え方、感じ方は、もしかしたらある一定の階層に特徴づけられた偏ったものであるかもしれないのです。教職に就いている人間の世界観というものは、社会全体から見たらほんの一部の、ある一定の人たちの偏った世界観であるかもしれないのです。教師はこのことの怖ろしさを肝に銘ずる必要がある、私はそう感じています。

教師は好むと好まざるとにかかわらず、どうしても権力を手にしてしまいます。子どもはよほどのことがないと教師に刃向かわないものです。保護者だってよほど我が子が不利益を被っていないとクレームなど言ってこないものなのです。子どもが「先生なんて嫌いだ！」と言う。保護者がクレームの電話をよこす。どちらもその子や保護者に問題があって、気楽にそんなことを言っていると思ったら大間違いです。しかし、教師が子どもや保護者を批判・非難することは決して少なくありません。

あなたは自分の正しさが世の中の正しさだと勘違いしてはいませんか？

23 時代への想像力をもつ

□現代はかなり不安定な生活を強いられる時代であるが、一般に教師の生活は安定している。

□子どもたちの将来は、いまよりもっと不安定な時代のなかに投げ込まれる。

□いま担任している子どもたちに教師が与える影響は、良きにつけ悪しきにつけかなり大きいと言わざるを得ない。

□教師は自分の影響力の大きさをもっと怖れるべきであり、そのためには時代への想像力が不可欠である。

現在、男性の三人に一人が生涯未婚の人生を送るだろうと言われています。女性の四人に一人が生涯未婚だと言われています。

更には、結婚した夫婦の三組に一組が離婚する時代です。

自殺者は年に三万人。これは遺書があったり動機が明確だったりと自殺と確定できる変死の人数にすぎません。行方不明者は七万人とも十万人とも言われています。

あなたはいま、運良く、世の中で安定していると言われる職業に就きました。あなたの親御さんもきっと喜ばれたことと思います。

しかし、あなたの担任する子どもたちの将来はどうでしょうか。現在、出生率は一・四前後で推移しています。高齢化社会が更に進みます。非正規雇用問題に伴う格差社会が問題視されていますが、独身男性の平均年収は三〇〇万円を割り込み、専業主婦は年を追って成立しなくなっています。官公庁は常に夫婦と子ども二人の核家族をモデルケースに説明しますが、核家族世帯は既に三十パーセントを割り込み、変わって単身世帯が三十パーセントを上回りました。

あなたが担任する子どもたちの学力形成をうまく機能させられなかったら、その子たちの生涯収入が落ちるかもしれません。前年度までにいわゆる落ちこぼれてしまっている子に、あなたが「この子をなんとかしよう」とする場合と「この子はこういう子だから」と諦めてしまう場合とでは、その子の将来はまったく違ったものになってしまうかもしれません。

あなたとのちょっとした言葉の行き違いで、或いはあなたがいじめ事案を適切に解決できなかったがために不登校になってしまった子は、その年にもしも別の先生が担任していたら人生が変わったものになったかもしれません。引きこもりになった若者、リストラにあった男性、子どもを抱えて離婚した女性が、超貧困に陥るという例もよく聞きます。

もちろん、学校教育がすべてではありませんが、学校教育は子どもたちの将来に大きな影響を与えます。あなたが今日、ちょっとだけ頑張るか否かが、もしかしたら子どもたちの将来を左右するかもしれないのです。私たちはそういう職業に就いています。

なかでも私たちが影響力を発揮するのは、子どもたちに「自分のことを可愛がってくれる人がいる」「自分のことを大切に思ってくれる人もいる」という思いを抱かせてあげられるかどうかです。先生に見捨てられた、友達に見捨てられたという教室での思いは、その子が意識しているかどうかはともかくとして、つまり覚えているかどうかはともかくとして、大人になってからの人生観に影響を与えます。

最近の若者は地元志向が強いとも言われます。昔のように地元を離れて東京に出よう、大阪に出ようとは思わなくなってきていると言われています。二十代になっても、三十代になっても、小中学校時代の友達とバーベキューやドライヴを楽しむという若者が増えているのです。しかも、この傾向は世帯収入の低い若者ほど顕著に見られる傾向です。将来リストラや離婚によって貧困に陥る可能性も充分にあります。そんなとき、学力の低い者、社会性の身についていない者のなかには社会のセーフティネットにアクセスすることさえできない、アクセスの仕方を知らないという人間さえ現れています。

小中学校教師として接している子どもたちが、二十代になっても三十代になっても付き合い続けるとしたら、あなたの学級経営が成功するか否かは、その子たちの将来にストレートに影響するかもしれません。地域に同世代の仲の良い人たちがたくさんいる人とそうでない人とでは、人生が変わってしまうかもしれないのです。

あなたの担任する子どもたちは、二十年後に困った仲間を励ますかもしれないし見捨てるかもしれない。リストラされて貧困に陥っている仲間にセーフティネットへのアクセスの仕方を教えるかもしれないし、仲間のそんな状況に気づきさえしないのかもしれない。

教師は子どもたちの人生に、そんな間接的な影響を与えるかもしれないのです。

24 他者性を意識する

□他人と完全にわかり合うことはできない。

□しかし、人は「わかってほしい」と思うし、「わかってあげたい」とも思う生き物である。

□子どもも保護者も〈他者〉である。

□子どもや保護者は教師に「わかってほしい」と思っている。教師は子どもや保護者に「わかってあげたい」と思い続ける職業である。

□それがどんなに難しいことだとしても、私たちはそういう決意をもつべきである。

友人や恋人との関係を考えてみましょう。

なにか悩みごとを相談したとき、「うん。わかるよ、その気持ち」と言われたら、「そんなに簡単にわかられてたまるか！」と言いたくなるときがありませんか？　それなのに自分が相談されたときには「あっ、自分も感じたことある」と思って、ついつい「うん。わかるよ、その気持ち」なんて言ってはいませんか？　そのとき、友人や恋人はもしかしたら、口には出さないけれど「そんなに簡単にわかられてたまるか！」と思っているかもしれません。そう思ってるなら言ってほしい……あなたはそう思うかもしれません。でも、あなただって「わかられてたまるか」と感じたときにはやはり口には出さなかったはずなのです。だって相手のことを大切に思っているわけですから。その人は好意で言ってくれているわけですから、わざわざそんなことを言って関係をぎくしゃくさせたいとはだれも思わないわけです。

こうした日常から私たちが学ばなければならないのは、どんなに近しい間柄の人だったとしても、他人と完全にわかり合えることなどないということではないでしょうか。そしてそれが頭ではわかっていても、それでも「わかってほしい」と思う気持ちは無限に私たちを捕らえ続ける、そういうことでもあるような気がします。そして自分がそう思うのだから、相手もそう思っているに違いない。だからできるだけ自分も相手のことを「わかってあげたい」と思う。

このお互いにわかり合えない部分をいっぱいもちながらも、「わかってほしい」と「わかってあげたい」を双方がもっているとき、友人関係や恋人関係はうまくいき、継続されるのではないか、そんなふうに感じます。

実は子どもたちは教師に対して、あなたが友人や恋人に抱くような「わかってほしい」を抱いています。そう考えますと、教師という仕事は友人でも恋人でもない子どもたちに対して「わかってあげたい」を持ち続けなければならない職業と言えます。多くの教師がそういう気持ちをもって日々子どもたちと接しています。それは間違いありません。きっとあなたもそうでしょう。

しかし、ここに一つの大きな落とし穴があります。教師は大人で、相手は子どもです。大人と子どもの大きな違いは、子どもは大人がなにを考えているのか経験がないからわかりませんが、大人は子ども時代を経験しているので、自分が子どもだった頃に思いを馳せて〈わかったつもり〉になってしまうということです。その証拠に職員室では、日々、「あの子はこういう子だ」「この子にはこういうところがある」と評価しているではありませんか。いわゆる〈ラベリング〉です。

しかし、人と人とが完全にわかり切ることなど不可能なのです。それは仲の良い友人や愛し合う恋人など、どんなに近しい間柄でも不可能なことなのです。育った環境だけでなく、世代もまったく異なる子どもたちのことを完全にわかるなどということがあるはずがないではありませんか。

この他人に対する了解することの不可能性のことを、一般に〈他者性〉といいます。子どもたちは〈他者〉なのです。学級担任はともすると、担任する子どもたちに対して親に近い感情を抱きます。親に近い感情とは無償の愛を注ぐという意味だけでなく、どこか子どもたちを所有物のように感じることをも意味します。この子のことが私にわからないはずがない……というような感覚ですね。しかし、そんなことはあり得ません。

あなたはこんなことを感じたことがありませんか。担任する子どもがなにかトラブルを起こしたとき、保護者を学校に呼んだり家庭訪問をしたりして保護者にも家庭で指導してくれるようにお願いします。そのとき、保護者が「うちの子は悪くない」とか、「あの子に悪い影響を受けているのだ」とか、非を認めなかったり責任転嫁したりするのを見ることがあります。「この子のことは私が一番よくわかっています」と言うことさえあります。そんなとき、あなたは思うのではないでしょうか。「親の見る目と社会の見る目は異なるのになあ……。このお母さんは学校でのこの子を知らない。私の見立てのほうが正しいのになあ」と。

なのに、自分の担任する子がなにかトラブルを起こして別の先生に指導を受け、担任のあなたに「ちゃんと指導してくださいね」と言われたときには、「この子はそんな子じゃないんだけどなあ」とその先生に反感を抱いてしまう。「たまたま周りの子との関係でそういうことになってしまったに違いない」と感じてしまう。非を認めなかったり責任転嫁したりする先の保護者と同じ構造ではありませんか。

それではいけないのです。子どもは〈他者〉なのです。そういうときに必要なのは、この子について私にはわからないところもたくさんある、でも、今回のことを機に更にわかってあげたい、そう思うことなのではないでしょうか。

難しいことです。私たちも神ではありませんから、腹が立つこともあれば、必要以上にかばってあげたくなることもあります。でも、私たちは教師なのです。そういう立場に日常的に立たなければならない職業に就いたのです。

やるっきゃないではありませんか……（笑）。

あとがき

　おばんです。最後までお読みいただいてありがとうございます。二十代教師に関する「堀ワールド」はいかがだったでしょうか。堪能していただけたなら幸いです。

　また、飛ばし読みしていただいた皆さんもありがとうございます。他人の論述なんてものは、ギョーザみたいなものです。その日の気分や体調や疲れ具合によって、食べたい日もあれば食べたくない日もある。醤油にラー油をたっぷりで食べたい日もあれば、酢だけであっさり食べたい日もある。そんなものです。この本が今日の気分や体調に合わなかっただけかも知れませんし、あなたの体質に合わなかったのかも知れませんし、それはご縁ですからどうしようもありません。私が大事だと思っていることがあなたにはどうしても大事だと思えない。そういうことはよくあることですし、それだけのことにすぎません。

　さて、本書の結論をひと言でいうなら、それは「自分の世界観を疑え」ということになりましょうか。二十代の若手教師の皆さんはまだまだ学校教育に〈疑いの目〉を抱いているはずです。こんなことが子どもたちのためになるのか、こんなことが子どもたちをほんとうに成長させるのか、職員会議の度に疑問を抱く、そんな目です。ところが、一般に、教師は教職十年を過ぎた頃からその目を失っていきます。教職が当然になり、教師の世界観が当然になり、職員室の論理が当然になっていきます。子どもを見る目も、保護者を見る目も、社会を見る目も、世界を見る目も教職のそれになっていきます。それが私にはたいへん危険なことであるように感じられるのです。

教育の成功とは、実は、子どもたちに「いかに他の選択肢があることを見えなくさせるか」という営みです。どんなに先進的な方法であろうと、どんなに協同的な方法であろうと、教師はそうと気づかないままに、子どもたちに他の選択肢を見えなくさせることに努力しているのです。教育の成功は洗脳に近い。私はそう思っています。そして教師が教職の目のみで生きるということは、実はその「洗脳」の努力に自らを同化させてしまうことに他ならない。そう考えているのです。

若い皆さんが二十代のうちに、数十年の教員生活を通じて「自分の世界観」を常に疑いながら生きていくための基礎体力を身につけられることを心から願っています。

THE SACRIFICE / MICHAEL NYMAN を聴きながら…

二〇一六年一月　ギョーザを食べた夜に　**堀　裕嗣**

【著者紹介】

堀　裕嗣（ほり　ひろつぐ）
1966年北海道湧別町生。北海道教育大学札幌校・岩見沢校修士課程国語教育専修修了。1991年札幌市中学校教員として採用。学生時代，森田茂之に師事し文学教育に傾倒。1991年「実践研究水輪」入会。1992年「研究集団ことのは」設立。
現在，「研究集団ことのは」代表，「教師力 BRUSH-UP セミナー」顧問，「実践研究水輪」研究担当を務める傍ら，「日本文学協会」「全国大学国語教育学会」「日本言語技術教育学会」などにも所属。
『必ず成功する「学級開き」魔法の90日間システム』『必ず成功する「行事指導」魔法の30日間システム』『スペシャリスト直伝！　教師力アップ成功の極意』『教師力ピラミッド毎日の仕事を劇的に変える40の鉄則』『堀裕嗣―エピソードで語る教師力の極意』『教師力トレーニング・若手編　毎日の仕事を劇的に変える31の力』『THE 教師力』『THE 教師力～若手教師編～』『THE いじめ指導』『THE 手帳術』『国語科授業づくり入門』（以上，明治図書）『学級経営10の原理・100の原則』（学事出版）など著書・編著書多数。
E-mail：hori-p@nifty.com　　Twitter：kotonoha1966
BLOG：http://kotonoha1966.cocolog-nifty.com/blog/

教師が20代で身につけたい24のこと

2016年２月初版第１刷刊　Ⓒ著　者　堀　　裕　嗣
2017年６月初版第５刷刊　発行者　藤　原　光　政
発行所　明治図書出版株式会社
http://www.meijitosho.co.jp
（企画）及川　誠（校正）井草正孝・西浦実夏
〒114-0023　東京都北区滝野川7-46-1
振替00160-5-151318　電話03(5907)6704
ご注文窓口　電話03(5907)6668
＊検印省略　組版所　株式会社アイデスク

Printed in Japan　ISBN978-4-18-194516-9